제 가 먼 저 합 격 해 보 겠 습 니 다

2주 만에 바로 끝내는

TORFL
1단계

쓰기 · 말하기

S 시원스쿨닷컴

토르플 1단계,
제가 먼저 합격해 보겠습니다!

여러분들은 '토르플(TORFL – Test of Russian as a Foreign Language)'이라는 시험에 대해 잘 알고 계시나요? 예전에는 토르플 시험이라 하면 대부분 러시아어를 전공하는 학생들만이 알고 응시하는 시험이었습니다. 아무래도 러시아어는 상대적으로 희소성이 큰 언어이기 때문에, 러시아어 능력을 평가하는 시험이 있다는 사실조차도 모르는 사람이 많았습니다. 그러나 최근 들어 러시아어 전공자들뿐만 아니라 취미나 자기 계발 등을 목적으로 러시아어를 배우는 학습자들 중 토르플 시험에 관심을 가지고 응시하는 분들이 상당히 많아졌음을 느낍니다. 어떤 공부를 하든 '시험 합격'이라는 확실한 목표가 생기면 누구든지 더 의욕적으로 공부에 임하게 되는 것 같습니다.

하지만 이렇게 토르플 시험에 대한 수요가 늘어난 추세와 달리, 아직까지도 러시아어 시험 관련 자료나 콘텐츠는 영어, 중국어, 일본어에 비하면 많이 부족한 상황입니다. 게다가 토르플 시험은 러시아의 국립 고등 교육기관, 일부 사설 교육기관과 러시아 연방 교육부가 공동으로 주관하기 때문에, 러시아어 학습 교재가 적은 한국에서는 학습자들이 스스로 인터넷에서 시험 정보를 찾거나 아주 오래된 자료를 통해 시험을 준비하곤 합니다. 러시아어를 가르치고 있는 현장에서 제가 이러한 학습자들의 고충을 직접 들으면서 느꼈고, 그들에게 조금이나마 도움이 되고자 하는 마음으로 이 책을 집필하게 되었습니다.

'제가 먼저 합격해 보겠습니다 토르플 1단계 – 쓰기/말하기 영역'에는 토르플에 대한 전반적인 시험 정보와 진행 방식 등이 상세히 설명되어 있어, 시험에 대한 기본 배경지식이 없는 학습자들도 이 교재만으로 충분히 시험에 대비할 수 있습니다. '쓰기/말하기' 각 영역에 나오는 유형별로 다양한 연습문제와 모범 답안이 제시되어 있고, 특히 쓰기 영역의 경우 학습자들이 많이 접하지 못한 메모나 신청서 유형까지 교재에 수록하였습니다. 아울러 학습자들이 자주 범하는 실수를 알려 주기 위해 실전 모의고사에서는 틀린 내용을 찾아볼 수 있는 문제까지 추가로 구성하였습니다. 먼저 학습자들이 스스로 답안을 쓰거나 말해본 후에 주어진 답안과 비교해서 분석해 보면, 자신의 '쓰기/말하기' 실력을 향상시키는데 큰 도움이 될 것입니다. 이 외에도 '각 영역별 사전 사용 가능 여부'나 '부분 합격 제도' 등 응시자들에게 도움이 될 수 있는 실전 꿀팁도 얻을 수 있습니다. 아무래도 '쓰기/말하기' 영역은 객관식으로 답을 체크하지 않고 주관식으로 답안을 작성해야 하기 때문에 누군가의 도움 없이 혼자서 시험을 준비하는 학습자들은 객관식 영역을 준비할 때 보다 더욱 큰 어려움과 막막함을 느끼게 됩니다. 그래서 저는 이 교재 속에 시험을 응시할 때 시간 관리는 어떻게 해야 하는지, 텍스트를 쓰고 말할 때는 무엇을 빠트리지 말아야 하는지 등 저만의 시험 노하우와 문제풀이 팁을 자세하게 정리해 놓았습니다.

토르플 1단계는 일반적으로 러시아어 전공자들의 대학 졸업 조건으로 요구되는 수준이지만, 합격하기가 아주 수월하다고는 볼 수 없는 중급 수준의 단계입니다. 또한 '어휘·문법, 읽기, 듣기, 쓰기, 말하기' 총 다섯 가지 영역의 실력을 골고루 갖추고 있어야 합격증을 손에 쥘 수 있기 때문에, 종합적이고 체계적인 학습 플랜이 요구됩니다. 토르플을 준비하시는 모든 분들에게 이 책이 자신의 목표를 달성하는 데 크나큰 도움이 되는 유익한 지침서가 되기를 바랍니다.

마지막으로 이 책이 완성되기까지 많은 도움을 주시고 애써 주신 시원스쿨 러시아어에 진심으로 감사의 인사를 전합니다. 또한 항상 응원해 주고 힘이 되어 주는 우리 가족들과 제가 사랑하는 모든 사람들에게 깊은 감사의 마음을 표합니다.

토르플 시험을 준비하는 모든 분들에게 좋은 결과가 있으시기를 바랍니다!

Удачи вам!

저자 최수진 (Masha)

목차

쓰기 영역

말하기 영역

정답 및 해설

무료 학습 부가자료

- 먼저 합격 토르플 1단계 말하기 영역 MP3
- 먼저 합격 토르플 1단계 어휘&표현집 PDF

* 모든 MP3와 PDF 자료는 시원스쿨 러시아어 사이트(russia.siwonschool.com)에서 쿠폰 번호를 입력한 후 무료로 이용 가능합니다.

교재의
구성과
특징

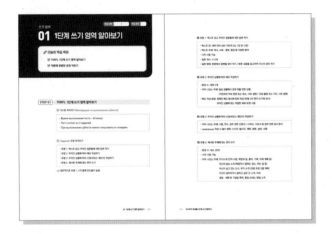

각 영역별 문제 유형 소개

토르플 1단계 쓰기/말하기 영역의 문제
출제 유형을 익힌 다음, 각 유형별 공략법
을 활용하여 전략적인 학습이 가능하도록
구성했습니다.

각 유형별 실전 연습 문제

최신 출제 경향을 반영한 다양한 유형의
실전 연습 문제를 집중적으로 풀어 볼 수
있도록 구성했습니다.

실전 모의고사 1회분

실제 시험과 비슷하게 구성된 쓰기/말하
기 영역 실전 모의고사 1회분을 통해, 실
전 감각을 키우고 막판 실력 점검까지 가
능합니다. 제한된 시간에 맞춰서 실제 시
험을 치는 것처럼 연습해 보세요.

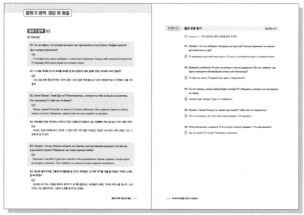

모범 답안과 틀린 내용 찾기

저자의 노하우가 담긴 모범 답안을 확인하면서, 효과적인 답변 구성 전략을 세울 수 있습니다. 그리고 학습자들이 자주 실수하는 부분을 놓치지 않도록, 실전 모의고사의 모범 답안에서 틀린 내용을 찾아보는 문제를 추가로 제공합니다.

무료 MP3

교재에 수록된 말하기 영역의 문제를 MP3로 들으면서 학습할 수 있도록 구성했습니다. MP3를 듣고 연습하면서 말하기 실력을 키워 보세요.

저자 유료 직강 제공

토르플 1단계 쓰기/말하기 영역을 가장 효율적으로 대비할 수 있도록, 러시아어 No.1 강사의 노하우가 고스란히 담겨 있는 유료 직강을 함께 제공합니다.

* 저자 유료 직강은 시원스쿨 러시아어 사이트 (russia.siwonschool.com)에서 만나 보세요.

Masha쌤이 알려 주는 토르플 시험 기본 정보

1. 토르플(TORFL) 시험이란?

토르플(TORFL)은 'Test of Russian as a Foreign Language'의 약자로서 러시아어 능력 시험을 뜻합니다. 러시아 연방 교육부 산하 기관인 '러시아어 토르플 센터'에서 주관하고, 외국인을 대상으로 러시아어 능력을 평가하는 시험입니다. 기초/기본 단계에서 4단계까지 총 여섯 단계로 나뉘어 있으며, 시험 과목은 어휘·문법, 읽기, 듣기, 쓰기, 말하기 – 총 5개의 영역으로 구성되어 있습니다. 현재 토르플은 러시아 내 대학교 또는 대학원의 입학 시험, 국내 기업체, 연구소, 언론사 등에서 신입 사원 채용 시험 및 직원들의 러시아어 실력 평가를 위한 방법으로 채택되고 있습니다.

2. 토르플(TORFL) 시험의 구성과 특징

☑ 토르플 시험 영역

토르플 시험은 어휘·문법, 읽기, 듣기, 쓰기, 말하기 – 총 5개의 영역으로 구성되어 있으며, 응시자의 러시아어 능력에 대한 종합적인 평가가 이루어집니다.

어휘·문법 (лексика. грамматика)	읽기 (чтение)	듣기 (аудирование)
어휘, 숙어 표현 및 문법적 지식을 평가	본문에 대한 이해력과 독해력을 평가	들려주는 본문에 대한 청취력과 내용을 이해하는 능력을 평가

쓰기 (письмо)	말하기 (говорение)
주어진 상황과 주제에 알맞은 작문 능력을 평가	주어진 상황에 적합한 말하기 능력을 평가

☑ 토르플 시험 단계

기초 단계 (элементарный уровень / A1)	가장 기초적인 의사소통이 가능함을 증명해 주는 단계로서, 기초 단계를 합격한 수험생은 일상생활에서 필요한 최소한의 러시아어 표현을 구사할 수 있습니다.
기본 단계 (базовый уровень / A2)	러시아어 구사 능력이 초급 수준임을 증명해 주는 단계이며, 기본 단계에 이른 응시자는 일상생활 및 사회, 문화와 관련된 분야에서 기본적인 의사소통을 표현할 수 있는 능력을 보유하고 있습니다.
1단계 (первый уровень / B1)	일상생활에서의 자유로운 의사소통뿐만 아니라, 사회, 문화, 역사 등의 분야에서 러시아인과 기본적인 대화가 가능한 중급 수준의 단계입니다. 일반적으로 러시아 대학에 입학하기 위해서는 1단계 인증서가 필요하며, 국내에서는 러시아어 전공자들의 대학 졸업 시험이나 기업체의 채용 및 직원들의 평가 기준으로 채택되고 있습니다.
2단계 (второй уровень / B2)	일상생활에서 원어민과 러시아어로 자유롭게 의사소통이 가능할 뿐만 아니라, 문화, 예술, 자연 과학, 공학 등 전문 분야에서도 상당한 의사소통 능력을 가지고 있음을 증명할 수 있는 단계입니다. 러시아 대학의 비어문계열 학사 학위 취득과 석사 과정 입학을 위한 자격 요건입니다.
3단계 (третий уровень / C1)	해당 단계는 수험생이 어문학 분야를 포함한 사회 전 분야에서 고급 수준의 의사소통을 구사할 수 있는 능력을 지니고 있고, 러시아어 구사 능력이 요구되는 전문 분야에서도 활동이 가능한 수준을 보유하고 있다는 것을 증명해 주는 단계입니다.
4단계 (четвёртый уровень / C2)	4단계는 토르플 시험 인증 단계 중 가장 높은 단계로, 원어민에 가까운 러시아어 구사 능력을 지니고 있는 가장 높은 공인 단계입니다. 이 단계의 인증서를 획득하면 러시아어문계열의 모든 교육과 연구 활동이 가능합니다.

☑ 토르플 시험 영역별 응시 시간

구분	기초 단계	기본 단계	1단계	2단계	3단계	4단계
어휘·문법	45~50분	50분	60분	90분	90분	60분
읽기	45분	50분	50분	60분	60분	60분
듣기	25분	30분	35분	35분	35분	45분
쓰기	40분	50분	60분	55분	75분	80분
말하기	25~30분	30~35분	40~45분	45분	45분	50분

☑ 토르플 시험 단계별 합격 점수 / 만점   (각 영역별 66% 이상)

| 구분 | 기초 단계 | 기본 단계 | 1단계 | 2단계 | 3단계 | 4단계 |
	66% 이상	66% 이상	66% 이상	66% 이상	66% 이상	66% 이상
어휘·문법	66/100점	73/110점	109/165점	99/150점	66/100점	93/141점
읽기	79/120점	119/180점	92/140점	99/150점	99/150점	89/136점
듣기	66/100점	119/180점	79/120점	99/150점	99/150점	99/150점
쓰기	53/80점	53/80점	53/80점	43/65점	66/100점	62/95점
말하기	86/130점	119/180점	112/170점	96/145점	99/150점	108/165점

☑ 합격 기준

전체 5개 영역 중,

합격 기준	·5개 영역을 66% 이상 득점한 경우 ·4개 영역을 66% 이상, 1개 영역을 60~65% 득점한 경우
과락 기준	·3개 영역을 66% 이상 득점하였으나, 2개 영역의 득점이 66% 미만일 경우 → 2개 영역 재응시 ·1-2개 영역의 득점이 66% 이상이지만, 3-4개 영역의 득점이 66% 미만일 경우 → 전체 영역 재응시

☑ 재시험 제도

전체 영역 시험일을 기준으로, 재응시가 필요한 영역은 2년 내에 언제든지 재시험이 가능합니다. 또한, 합격을 할 때까지 재시험에 대한 횟수 제한은 없습니다. 하지만 2년이 지나면 전체 영역을 다시 응시하여야 합니다.

☑ 토르플 인증서 유효 기간

공식적으로 토르플 인증서 자체에는 유효 기간이 명시되어 있지 않습니다. 그러나 기업, 학교, 공공기관 등에서는 일반적으로 외국어의 인증서 유효 기간을 대부분 '자격 취득일로부터 2년'으로 인정하고 있음을 참고하시기 바랍니다. 인증서 제출처에 따라 유효 기간이 상이할 수 있으므로, 시험을 응시하기 전에 먼저 본인이 제출하고자 하는 기관에 해당 사항을 문의해 볼 것을 권해 드립니다.

☑ 시험 당일 준비물 및 유의 사항

• 준비물

1) 신분증(주민등록증, 운전면허증, 여권)
2) 필기도구(검정색 또는 파란색 볼펜으로 준비, 연필은 사용 불가)
3) 종이 사전(기본적으로 러-한 사전 지참 가능)
4) 수정 테이프
5) 손목시계

• 유의 사항

1) 일반적으로 시험 시작 30분 전까지 고사장에 입실 완료해야 합니다. 응시처에 따라 입실 완료 시간에 대해 별도로 안내하고 있으니, 시험을 접수한 후 개별적으로 받게 되는 시험 안내문을 꼼꼼히 확인해 주세요.
2) 커닝, 대리 시험, 전자 기기 사용 등의 부정행위가 적발될 경우, 시험 응시 자격이 박탈됩니다.
3) 좌석이 지정된 경우, 무단으로 자리를 이탈하거나 감독관의 허락 없이 임의로 자리를 변경하는 행위로 인해 시험 주최 측의 제재를 받을 수도 있습니다.
4) 시험지 혹은 답안지는 반드시 응시 기관에 제출해야 하며, 이를 준수하지 않을 시 시험 주최 측의 제재를 받을 수도 있습니다.

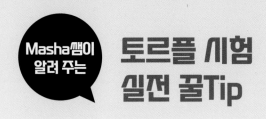

토르플 시험 실전 꿀Tip

1. 사전을 이용할 수 있다는 점을 최대한 활용하라!

토르플은 외국어 평가 시험임에도 불구하고, 사전을 사용할 수 있는 영역이 정해져 있습니다. 바로 읽기, 쓰기, 말하기(일부 유형만 해당) 영역입니다. 이 사실을 알지 못한 채 시험을 준비하는 응시자 분들이 생각보다 많습니다. 독해 중에 모르는 단어가 있거나 작문 중에 긴장하다 보면 단어가 기억이 나지 않을 수도 있기 때문에, 특정 영역에서 사전을 사용할 수 있는 이 장점을 최대한 활용하실 것을 권장합니다. 단, 시험장에는 휴대폰이나 전자 기기 반입 및 사용이 금지되어 있으며, 오직 종이로 된 사전만 지참할 수 있습니다. 때문에 평소에 러시아어 공부를 하거나 토르플 시험을 준비하는 과정에서 종이 사전을 통해 단어를 찾는 습관을 반드시 길러 놔야 합니다. 기본적으로 러-한 사전을 지참할 수 있지만, 시행처 혹은 개인별 상황에 따라 러-영 혹은 러-러 사전도 허용되는 경우가 있습니다. 사전 사용에 관한 내용을 시험에 앞서 시행처에 확인해 보는 것이 가장 좋습니다.

2. 쉬는 시간에 섭취할 물과 간단한 간식을 챙겨라!

하루 안에 총 5가지 영역의 시험을 약 5시간에 걸쳐 보게 됩니다. 시험장마다 상황은 조금씩 다를 수 있지만, 일반적으로 점심 시간이 따로 주어지지 않는 경우가 많습니다. 또한 쉬는 시간도 길지 않아, 시험 중간에 외출하거나 다른 곳으로 이동할 여유가 없습니다. 긴 시간 동안 시험을 치다 보면 체력적인 부담이 적지 않으므로, 본인이 미리 챙겨간 물과 간단한 간식을 섭취하면서 틈틈이 당을 충전해 가며 집중력을 유지해야 합니다.

3. 부분 합격 제도가 있으니 전략적으로 영역을 공략하라!

원칙적으로는 5가지 영역의 점수가 각각 66% 이상이 되어야 합격으로 인정됩니다. 하지만 부분 합격 제도가 있으므로 본인이 자신 있는 영역을 우선적으로 준비하여 통과하는 전략을 활용할 수도 있습니다. 5개 영역 중 3개 이상 통과하였을 경우 2년간 통과한 영역을 면제해 주고, 과락한 1개 또는 2개 영역을 2년 내에 다시 응시할 수 있는 기회를 줍니다. 실제로 동시에 다섯 가지 영역을 한 번에 준비하는 일은 결코 쉽지만은 않습니다. 참고로 많은 응시자 분들이 객관식 형식의 필기 시험인 '어휘·문법', '읽기', '듣기' 영역을 먼저 통과하는 방식으로 시험을 준비합니다. 물론 한 번에 모든 영역을 합격하는 것이 가장 좋은 방법이지만, 개인마다 자신 있는 영역은 다르므로, 본인의 상황에 맞게 최대한 짧은 시간에 다섯 가지 영역을 모두 통과할 수 있는 전략을 세우시기를 바랍니다.

4. 응시 기관과 각 응시생에 따라 영역별 시험 순서는 랜덤하게 진행되므로 당황하지 말자!

토르플 시험을 준비하는 대부분의 응시자들은 주관식 형식인 '쓰기, 말하기' 영역을 객관식 형식의 필기 시험인 '어휘·문법', '읽기', '듣기' 영역보다 더 어려워하는 경향이 있습니다. 그래서 간혹 주관식 영역이 시험 순서상 앞쪽에 있는 경우에 상당히 당황하거나 이로 인해 다른 객관식 영역의 시험에까지 좋지 않은 영향을 끼치는 상황이 발생합니다. 시험 순서는 각 응시 기관의 상황에 따라 매번 랜덤하게 진행될 수 있으므로, 응시자 본인이 준비하거나 예상한 순서대로 시험을 치르지 않는다 해도 평정심을 잃지 않고 시험에 응하실 것을 조언 드립니다.

5. 시험 고사장 환경에 미리 대비하자!

현재 국내에서 토르플 시험을 치를 수 있는 곳은 전문 시험장이나 시설이 갖춰진 곳이 아닌, 일반 대학교나 사설 아카데미입니다. 때문에 시험을 응시할 때 돌발 상황이 자주 생기기 마련인데, 특히 주변에서 일어나는 생활 소음으로 인해 '듣기'와 '말하기' 영역을 응시할 때 불편함을 겪었다는 응시자들이 굉장히 많습니다. '듣기'나 '말하기' 영역을 준비할 때는 조용한 곳에서 혼자 공부하거나 연습하기보다는 어느 정도 소음이 있는 공간에서 연습하는 것이 실제 시험에서 당황하지 않고 집중력을 유지하는 데에 도움이 될 것입니다.

6. 국내에서 치뤄지는 토르플 시험은 모두 동일한 효력을 갖는다!

토르플 시험의 경우, 러시아 연방 교육부 산하 기관인 '러시아 토르플 센터'와 주요 국립 대학교 및 일부 교육 기관이 협력하여 시험 응시 및 전반적인 토르플 시험과 관련된 업무를 대행하고 있습니다. 그래서 시험을 통과한 뒤 받는 합격 증명서에도 각 대행 기관이 '발급 기관'으로 기재되고 있습니다. 예를 들어 모스크바 국립대학교(МГУ) 토르플 센터에서 시험을 본다면 합격 증명서에는 МГУ 센터의 직인이 기재되고, 반면 상트페테르부르크 국립대학교(СПбГУ) 토르플 센터에서 시험을 본다면 합격 증명서에는 СПбГУ 센터의 직인이 기재됩니다.

국내에서 토르플 시험을 응시하는 경우에도 대행 기관마다 시험 진행 방식이나 합격 증명서에 찍힌 직인이 다른 경우가 있어 응시생들이 당황하는 경우가 많습니다. 하지만 모두 공인된 토르플 시험으로 동일한 효력을 가지고 있으니 걱정하실 필요가 없습니다. 참고로 최근 발급되고 있는 토르플 합격 증명서에는 러시아 교육부 산하 '러시아 토르플 센터'의 직인도 함께 기재되고 있습니다.

토르플 1단계 쓰기/말하기 영역 – 이렇게 출제된다!

[Tip] 토르플 시험 센터마다 시험 유형 및 문제 수, 난이도가 달라질 수 있습니다.

☑ 쓰기 영역

1) 유형①: 텍스트 읽고 주어진 질문들에 대한 답변 적기 (출제 빈도율이 높은 유형)

〈예시〉

> Задание 1. Вас интересует проблема «Женщины в современном обществе». Прочитайте текст и письменно изложите все мнения, которые были высказаны по этой проблеме. Напишите, с чем Вы согласны или не согласны и почему. Ваше изложение должно быть достаточно полным, логичным и связным.

- 텍스트 양: 대략 단어 600~700개 (A4 1장 반~2장)
- 텍스트 주제: 역사, 사회·문화, 환경 등 다양한 분야
- 사전 사용 가능
- 질문 개수: 3~5개
- 질문 형태: 본문에서 답변을 찾아 적기 / 본문 내용을 참고하여 자신의 생각 적기 등

2) 유형②: 주어진 상황에 따라 메모 작성하기

〈예시〉

> Задание 2. Недавно Вы с вашим другом договорились встретиться в эту субботу посмотреть новый фильм. Но Вы не сможете поехать туда по семейным обстоятельствам. Напишите ему записку об этой ситуации и её причине.

- 문장 수: 대략 5개
- 사전 사용 가능
- 자주 나오는 주제: 일상생활에서 쉽게 겪을 만한 상황
  (지인과의 약속 변경 또는 취소, 사유 설명 / 모임 불참 또는 지각, 사유 설명 등)
- 메모 작성 방법: 정해진 메모 형식에 맞춰 작성 (편지 쓰기와 유사)
  주어진 상황에 맞게 적절히 회화 표현 사용

TORFL

3) 유형③: 주어진 상황에 따라 신청서(또는 제안서) 작성하기

〈예시〉

> Задание 2. Ваш сын сильно заболел и Вы должны срочно привезти его в поликлинику. Напишите заявление о предоставлении отпуска на имя директора вашей фирмы.

· 사전 사용 가능
· 자주 나오는 주제: 시험, 연수, 공부 관련 신청서 / 사직서, 사유서 등 업무 관련 공식 문서
· 작성 시 필수 항목: 수신자, 발신자, 제목, 본문, 날짜, 서명

4) 유형④: 제시된 주제에 맞는 편지 쓰기 (출제 빈도율이 높은 유형)

〈예시〉

> Задание 2. В России Вы познакомились с девушкой (молодым человеком) и хотите пригласить её (его) к себе домой, на родину. Напишите письмо о ней (нём) своим родителям. В письме сообщите следующее:
>
> - Как её (его) зовут?
> - Какая она (какой он)?
> (...)
> Ваше пимьсо должно содержать не менее 20 предложений.

· 문장 수: 최소 20개
· 사전 사용 가능
· 자주 나오는 주제: 자기소개 (인적사항, 학업과 일, 흥미, 가족, 미래 계획 등)
　　　　　　　　자신의 일상 소개 (학업이나 일하는 장소, 하는 일 등)
　　　　　　　　자신이 살고 있는 도시, 국가 소개 (관광 프로그램 계획)
　　　　　　　　자신이 공부하거나 일하고 싶은 곳 소개, 이유
　　　　　　　　생일, 새해 등 기념일 축하, 휴일 보내는 방법 소개

☑ 말하기 영역

1) 유형①: 간단한 질문에 즉시 대답하기

〈예시〉

Задание 1 (позиции 1-5). Примите участие в диалогах. Ответьте на реплики собеседника.

1. - Я давно не видел вашего друга. Где он сейчас? Чем занимается?

   - _____.

2. - Какой сувенир Вы хотите (хотели бы) привезти из России?

   - _____.

3. - Извините, мне хочется посмотреть центр города. Это далеко? Как доехать
     отсюда до центра города?

   - _____.

4. - Я хочу купить сувениры, но сегодня воскресенье. Скажите, пожалуйста, когда в
     воскресенье закрываются магазины в вашем городе?

   - _____.

5. - Скажите, пожалуйста, Вы не знаете, где можно хорошо и недорого поужинать?

   - _____.

· 시험 시간: 5분
· 사전 준비 시간: 없음
· **꿀tip** 질문의 첫 마디: Я знаю, что ~ / Ты не забыл, что ~ / Я слышал, что ~ / Говорят, что ~

2) 유형②: 주어진 상황에 먼저 대화 시작하기

〈예시〉

Задание 2 (позиции 6-10). Познакомьтесь с описанием ситуации. Начните диалог.

6. Вам не нравится Ваша комната в гостинице. Вы хотите поменять её. Объясните администратору, какую комнату Вы хотите получить и почему.

7. Ваш русский друг собирается поехать в Вашу страну зимой. Расскажите ему о погоде в Вашей стране в это время года. Посоветуйте, какую одежду нужно взять с собой.

8. Вы хотите поехать в Россию. Вы пришли в посольство, чтобы получить визу. Обратитесь к работнику посольства и объясните, в какой город и с какой целью Вы хотите поехать.

9. Вы прочитали книгу, которая Вам очень понравилась. Посоветуйте своему другу прочитать её и объясните, почему.

10. Вы хотите поехать на экскурсию и пришли в туристическое бюро. Объясните, куда Вы хотите поехать, узнайте обо всём, что Вас интересует (вид транспорта, время и продолжительность поездки, условия проживания, стоимость экскурсии).

- 시험 시간: 5~8분
- 사전 준비 시간: 없음
- 자주 출제되는 내용: 표 구입(기차, 비행기), 약국 또는 병원에서 아픈 증상 설명하기,
    상점에서 직원이 추천해 주는 물건 구매하기

3) 유형③: 텍스트 읽고 간단하게 요약 & 자신의 생각 말하기

〈예시〉

> Задание 3 (позиции 11-12). Прочитайте рассказ известного художника И. Грабаря о его встрече с великим русским композитором Петром Ильичём Чайковским. Кратко передайте его содержание.
>
> (...)
>
> 11. Как вы думаете, какую роль сыграла встреча с Чайковским в жизни молодого художника?
>
> 12. Согласны ли Вы со словами П.И. Чайковского? Почему?

· 시험 시간: 25분

· 사전 준비 시간: 15분 / 답하는 시간: 약 10분

· 사전 사용 가능

· 꿀tip 문제에 나오는 표현(텍스트 요약): Прочитайте текст (рассказ) ~ / (кратко) Передайте его содержание.

· 꿀tip 문제에 나오는 표현(주제, 자신의 생각): Сформулируйте основную идею текста. / Выразите своё отношение к данной идее.

4) 유형④: 제시된 주제에 따라 간단한 이야기 만들기

〈예시〉

> Задание 4 (позиция 13). В гостях Вы познакомились с молодым людьми, которые рассказали Вам, как они с друзьями проводят свободное время. Расскажите и Вы о своих интересах, увлечениях, о том, как Вы проводите свободное время. Вы можете рассказать:
>
> - где Вы учитесь (работаете), остаётся ли у Вас свободное время после учёбы (работы);
> - чем Вы интересуетесь, как, когда и почему появиося у Вас этот интерес;
> - что Вы любите делать в свободное время;
> - Как вы предпочитаете отдыхать (дома, за городом, в кафе, на дискотеке и т.д.);
> - любите ли Вы театр, живопись, музыку, танцы, компьютерные игры и т.д.
>
> В вашем рассказе должно быть не менее 20 фраз.

· 시험 시간: 최대 25분
· 사전 준비 시간: 15분 / 답하는 시간: 약 10분
· 자주 출제되는 내용: 구체적인 자기소개 / 자신의 일상 소개 (학업, 일)
　　　　　　　　　　　　자신의 관심 분야, 취미, 여가 시간 관련 정보
　　　　　　　　　　　　자신이 살고 있는 도시, 국가 소개
　　　　　　　　　　　　타인에게 관광지, 여행 프로그램 소개 (다른 국가, 지역)
　　　　　　　　　　　　자신이 공부하고 싶거나 일하고 싶은 곳 소개, 이유

Masha쌤이 알려 주는 토르플 1단계 쓰기/말하기 영역 – 이렇게 준비하자!

☑ 쓰기 영역

• **각 문제에 대한 답변 작성에 필요한 시간을 관리하는 법을 미리 연습하자!**

출제되는 두 가지 유형의 문제에 대한 답변으로 2개의 텍스트를 쓰는데 있어 '60분'이라는 시간은 절대 여유로운 시간이 아닙니다. 특히 첫 번째 문제는 독해를 하는 시간도 필요하기 때문에, 실제로 답변을 쓸 수 있는 시간은 더 줄어듭니다. 시험을 준비하는 과정에서 각 문제 별로 소요되는 시간 배분을 미리 연습해야 합니다. 정해진 규정은 없으나, 독해력과 작문 실력이 동시에 요구되는 문제는 최대 40분, 본인만의 텍스트를 쓰는 문제(편지 쓰기)는 최대 20분 안에 작성할 것을 추천 드립니다. 또한, 독해에 대한 부담이 있는 응시자 분들은 먼저 '편지 쓰기' 문제를 푸는 것이 시간 관리에 도움이 될 것입니다.

• **단순히 길게 쓰는 것보다 하나의 완성된 텍스트를 작성하자!**

쓰기 영역이다 보니 아무래도 질문에 대한 답변이, 즉 텍스트의 양이 많을수록 더 높은 점수를 받을 것이라고 생각하는 응시자들이 많습니다. 텍스트의 길이보다 더 중요한 것은 바로 전체적으로 짜임새 있는 구조를 갖춘 완전한 텍스트가 답안으로서 작성되어 있는가에 대한 여부입니다. 어떠한 답변이든 기본적으로 '서론 – 본론 – 결론' 형식에 맞춰 글을 작성하셔야 합니다. 답변을 작성하면서 틈틈이 시간을 체크해야 하고, 만일 시간이 부족할 것으로 판단되면, 설사 본문의 양을 줄인다 해도 반드시 결론에 해당되는 내용을 써서 완성된 하나의 문단으로 마무리하셔야 합니다.

☑ 말하기 영역

• **(задание 1, 2) 질문을 듣고 어떤 내용인지 파악해야 답할 수 있다! 먼저 듣기 실력을 기르자!**

말하기 영역의 1, 2번 문제 유형은 감독관으로부터 질문을 듣자마자 즉시 답변해야 합니다. 질문지가 따로 주어지지 않기 때문에, 오로지 응시자의 듣기 실력으로 질문을 이해하고 적절한 대답을 하는 것이 포인트입니다. 분명 말하기 영역이지만, 사실상 듣기 실력이 부족하면 답변을 하지 못해 점수 책정 자체가 불가능하게 됩니다. 따라서 말하기 영역을 준비하는 응시자 분들은 평소에 러시아어 청해력 상승을 위한 꾸준한 학습이 필요합니다. 특히 1, 2번 문제 유형은 일상생활에서 쓰이는 대화문이 자주 출제되므로, 기본 회화 주제별 간단한 질문과 대답이 자연스럽게 오가는 문장들 위주로 듣기 공부를 집중적으로 하시는 것을 권해 드립니다.

- **(задание 1, 2) 기본적인 회화 표현과 질문에 대한 답변을 먼저 말하는 것을 잊지 말자!**

우리는 매일 사람들을 만나 하루에도 몇 번씩 자연스럽게 인사 표현을 하고, 서로 간에 칭찬, 사과, 격려 등의 가벼운 주제로 대화를 나눕니다. 토르플 말하기 영역 시험에서도 이렇게 자연스럽게 이뤄지는, 그리고 기본적인 회화 표현을 답변에 넣어 주셔야 합니다. 주어진 질문에서 칭찬이나 격려하는 내용이 나오면, 이에 대해 감사하다는 표현을 먼저 하고, 또한 서운하거나 기분이 상한 일을 언급한다면, 사과 및 이유를 설명하는 내용이 답변에 우선적으로 들어가는 것이 맞습니다. 이는 분명 어렵거나 복잡한 문장이 아님에도 불구하고, 응시자분들 중에는 단순히 감독관의 질문이 무엇인지에만 초점을 맞춰 답변을 하시는 분들이 많습니다. 질문의 전반적인 분위기와 상황을 파악하고, 적절한 회화 표현을 넣어야 여러분들이 러시아어로 훨씬 자연스럽게 말할 수 있다는 것을 증명하게 됩니다.

- **(задание 4) 문제에 제시된 질문에 단순히 대답하기가 아닌 하나의 텍스트 형태로 말하기!**

말하기 영역의 4번 문제는 주어진 주제나 상황에 따라 하나의 텍스트를 구술하는 유형입니다. 보통 텍스트를 구성하는데 도움을 주기 위해 주제에 관한 특정한 질문들의 목록이 주어집니다. 많은 응시자분들이 바로 이 목록에 나와 있는 각 질문들의 대한 답변을 단순하게 나열하는 형식으로 구술하면서 실수를 하게 됩니다. 4번 문제 유형의 포인트는 주어진 질문들의 내용을 자연스럽게 연결하여 온전한 하나의 텍스트 형태로 답변하는 것입니다. 다시 말해, 구술 능력뿐만 아니라 탄탄하고 체계가 잡혀 있는 문단을 구성할 수 있는 작문 실력을 동시에 검증하는 시간이기도 합니다. 따라서 문장 간에 적절하게 접속사를 사용하고 각 문단을 자연스럽게 연결하면서, '서론 – 본론 – 결론' 형식을 갖춘 텍스트로 답할 수 있도록 준비하셔야 합니다.

나만의 학습 플랜

📝 **나의 응시 예정일** _____

✏️ **나의 공부 다짐** _____

_____

☑ **15일 완성** 매일매일의 목표를 적고, 달성할 때마다 체크 박스에 표시해 보세요.

День 1	День 2	День 3	День 4	День 5
☐ _____	☐ _____	☐ _____	☐ _____	☐ _____
☐ _____	☐ _____	☐ _____	☐ _____	☐ _____
☐ _____	☐ _____	☐ _____	☐ _____	☐ _____
☐ _____	☐ _____	☐ _____	☐ _____	☐ _____

День 6	День 7	День 8	День 9	День 10
☐ _____	☐ _____	☐ _____	☐ _____	☐ _____
☐ _____	☐ _____	☐ _____	☐ _____	☐ _____
☐ _____	☐ _____	☐ _____	☐ _____	☐ _____
☐ _____	☐ _____	☐ _____	☐ _____	☐ _____

День 11	День 12	День 13	День 14	День 15
☐ _____	☐ _____	☐ _____	☐ _____	☐ _____
☐ _____	☐ _____	☐ _____	☐ _____	☐ _____
☐ _____	☐ _____	☐ _____	☐ _____	☐ _____
☐ _____	☐ _____	☐ _____	☐ _____	☐ _____

✓ 30일 완성 매일매일의 목표를 적고, 달성할 때마다 체크 박스에 표시해 보세요.

День 1	День 2	День 3	День 4	День 5
☐ _____	☐ _____	☐ _____	☐ _____	☐ _____
☐ _____	☐ _____	☐ _____	☐ _____	☐ _____
☐ _____	☐ _____	☐ _____	☐ _____	☐ _____
☐ _____	☐ _____	☐ _____	☐ _____	☐ _____

День 6	День 7	День 8	День 9	День 10
☐ _____	☐ _____	☐ _____	☐ _____	☐ _____
☐ _____	☐ _____	☐ _____	☐ _____	☐ _____
☐ _____	☐ _____	☐ _____	☐ _____	☐ _____
☐ _____	☐ _____	☐ _____	☐ _____	☐ _____

День 11	День 12	День 13	День 14	День 15
☐ _____	☐ _____	☐ _____	☐ _____	☐ _____
☐ _____	☐ _____	☐ _____	☐ _____	☐ _____
☐ _____	☐ _____	☐ _____	☐ _____	☐ _____
☐ _____	☐ _____	☐ _____	☐ _____	☐ _____

День 16	День 17	День 18	День 19	День 20
☐ _____	☐ _____	☐ _____	☐ _____	☐ _____
☐ _____	☐ _____	☐ _____	☐ _____	☐ _____
☐ _____	☐ _____	☐ _____	☐ _____	☐ _____
☐ _____	☐ _____	☐ _____	☐ _____	☐ _____

День 21	День 22	День 23	День 24	День 25
☐ _____	☐ _____	☐ _____	☐ _____	☐ _____
☐ _____	☐ _____	☐ _____	☐ _____	☐ _____
☐ _____	☐ _____	☐ _____	☐ _____	☐ _____
☐ _____	☐ _____	☐ _____	☐ _____	☐ _____

День 26	День 27	День 28	День 29	День 30
☐ _____	☐ _____	☐ _____	☐ _____	☐ _____
☐ _____	☐ _____	☐ _____	☐ _____	☐ _____
☐ _____	☐ _____	☐ _____	☐ _____	☐ _____
☐ _____	☐ _____	☐ _____	☐ _____	☐ _____

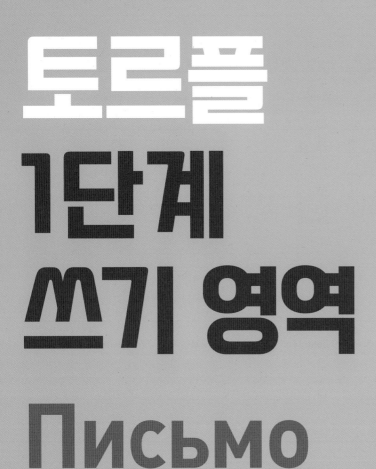

토르플
1단계
쓰기 영역

Письмо

01 1단계 쓰기 영역 알아보기

✏️ **오늘의 학습 목표**

☑️ TORFL 1단계 쓰기 영역 알아보기

☑️ 작문에 유용한 표현 익히기

STEP 01 — **TORFL 1단계 쓰기 영역 알아보기**

💬 지시문 파악하기 (Инструкция по выполнению субтеста)

> - Время выполнения теста – 60 минут.
> - Тест состоит из 2 заданий.
> - При выполнении субтеста можно пользоваться словарём.

💬 Задание 유형 파악하기

> • 유형 1: 텍스트 읽고 주어진 질문들에 대한 답변 적기
> • 유형 2: 주어진 상황에 따라 메모 작성하기
> • 유형 3: 주어진 상황에 따라 신청서(또는 제안서) 작성하기
> • 유형 4: 제시된 주제에 맞는 편지 쓰기

➡️ 일반적으로 유형 1, 4의 출제 빈도율이 높음!

❶ 유형 1: 텍스트 읽고 주어진 질문들에 대한 답변 적기

- 텍스트 양: 대략 단어 600~700개 (A4 1장 반~2장)
- 텍스트 주제: 역사, 사회·문화, 환경 등 다양한 분야
- 사전 사용 가능
- 질문 개수: 3~5개
- 질문 형태: 본문에서 답변을 찾아 적기 / 본문 내용을 참고하여 자신의 생각 적기

❷ 유형 2: 주어진 상황에 따라 메모 작성하기

- 문장 수: 대략 5개
- 자주 나오는 주제: 일상 생활에서 쉽게 겪을 만한 상황
  (지인과의 약속 변경 또는 취소, 사유 설명 / 모임 불참 또는 지각, 사유 설명)
- 메모 작성 방법: 정해진 메모 형식에 맞춰 작성 (유형 4의 편지 쓰기와 유사)
  주어진 상황에 맞는 적절한 회화 표현 사용

❸ 유형 3: 주어진 상황에 따라 신청서(또는 제안서) 작성하기

- 자주 나오는 주제: 시험, 연수, 공부 관련 신청서 / 사직서, 사유서 등 업무 관련 공식 문서
- заявление 작성 시 필수 항목: 수신자, 발신자, 제목, 본문, 날짜, 서명

❹ 유형 4: 제시된 주제에 맞는 편지 쓰기

- 문장 수: 최소 20개
- 사전 사용 가능
- 자주 나오는 주제: 자기소개 (인적 사항, 학업과 일, 흥미, 가족, 미래 계획 등)
  자신의 일상 소개 (학업이나 일하는 장소, 하는 일 등)
  자신이 살고 있는 도시, 국가 소개 (관광 프로그램 계획)
  자신이 공부하거나 일하고 싶은 곳 소개, 이유
  생일·새해 등 기념일 축하, 휴일 보내는 방법 소개

STEP 02 ─ 작문에 유용한 표현 익히기

1) 본문 관련 내용 답변

- Текст рассказывает о том, что …
- В тексте рассказывается (говорится) о том, что …

➡ 본문에 …라고 나온다(쓰여 있다).

2) 저자의 생각이나 의견 내용 답변

- Автор считает (думает, пишет), что …
- По мнению автора, …
- С точки зрения автора, …

➡ 저자는 …라고 생각한다. / 저자의 의견에 따르면 …

3) 자신의 생각이나 의견 표현

- Я считаю (думаю), что … / Мне кажется, что …
- По моему мнению, … / По-моему, …
- С моей точки зрения, …

➡ 나는 …라고 생각한다. / 내 의견으로는 …

4) 저자의 의견 동의 / 반대 표현

- Я (не) согласен(на) с автором в том, что …
- (По моему мнению) Автор (не) прав.

➡ 나는 …라는 저자 생각에 동의한다(반대한다). / (내 의견으로는) 저자는 맞다(틀리다).

02 유형 1 연습 문제 ①-1

 **오늘의 학습 목표**

☑ 유형 1 – 문제 파악

☑ 연습 문제 ① – 텍스트 분석

STEP 01 ── **유형 1 - 문제 파악**   텍스트 해석 **p.107**

💬 텍스트 읽고 주어진 질문들에 대한 답변 적기

Задание 1. Прочитайте текст об этикете русского письма и изложите письменно правила написания различных писем по следующим вопросам:

1) Каким должно быть письмо по структуре?

2) Как нужно оформить письмо?

3) Как используются открытки?

4) Когда нужно отвечать на письма?

5) Как принято читать письма?

➡ 빠른 독해와 정확한 작문 실력이 요구되는 задание!

💬 텍스트 분석

Структура письма обычно стандартна. Оно начинается с обращения, приветствия. Затем идёт ряд вопросов о жизни, семье, работе, здоровье человека, которому пишут письмо; благодарность за полученные письма. На все вопросы из этих писем нужно обязательно ответить. После даётся дополнительная информация автора письма о себе, приветы родным и знакомым и, наконец, прощание. Подпись нужна обязательно и она должна быть разборчивой. В частных письмах к родным и друзьям обычно после таких слов, как «целую», «обнимаю», пишется кратко: «мама», «папа», «отец» или имя. В зависимости от цели письма (человек хочет узнать о другом человеке или хочет рассказать о себе) информация увеличивается в соответствующих частях письма. Дата обычно ставится в начале письма, но может стоять и в конце письма, с левой стороны страницы.

Внешний вид и форма письма могут быть разными, но любое письмо должно быть чистым и аккуратным. Когда-то письма писали только от руки. Сегодня все письма могут посылаться в напечатанном виде, но подписываться в них нужно только ручкой. Письма с поздравлениями, благодарностью, с выражением соболезнования всегда пишутся от руки, но конечно, ручкой, а не карандашом. Плохо смотрятся письма на листах из тетради. Если письмо написано на нескольких отдельных листах, на них нужно поставить номер. В тексте письма все обращения на Вы пишутся с большой буквы: «Получил Ваше письмо».

На цветных открытках посылают приветы из путешествия, отпуска, а также поздравления с днём рождения, с праздниками. На открытке пишется то число, когда мы её отправляем, а не та дата, к которой она высылается. Необходимо позаботиться о красивой марке, она украшает такую открытку. Простые открытки обычно используются для кратких деловых сообщений.

Как правило, на полученное письмо этикет требует ответить в течение недели. В случае, если вы переписываетесь постоянно, этот перерыв может быть большим.

И вообще не нужно писать своим близким и знакомым слишком часто! Люди способны отвечать на письма в среднем не чаще, чем раз в две недели. Однако есть некоторые правила сроков ответа на особые письма. Письмо с благодарностью за гостеприимство высылается примерно через неделю после отъезда. Письмо с поздравлением по случаю свадьбы высылается в течение восьми дней с момента получения сообщения об этом событии. Письмо с соболезнованиями высылается в течение десяти дней с момента получения сообщения. Такое письмо требует особой сердечности.

Если вы получаете письмо в присутствии другого человека, конверт можно открыть и быстро просмотреть текст, а внимательно прочитать его потом. Если полученное сообщение очень срочное и важное, вам надо сказать: «Простите, но это очень срочно», – и дочитать письмо до конца. Некрасиво давать читать письмо людям, которым оно не адресовано. Никогда нельзя читать чужие письма!

Это правило относится и к членам семьи: муж не читает писем, адресованных жене, и наоборот, дети не читают писем, посылаемых родителям. Нельзя также интересоваться содержанием открытой записки, которую писали не вам. Если всё же вы случайно прочитали часть текста, адресованного другому, лучше всего сразу же об этом забыть.

Этикет русского письма имеет свои традиции, теперь и вы познакомились с ними. Пишите и получайте письма, и пусть они принесут вам радостные известия!

(По Я. Камычеку)

쓰기 영역

03 유형 1 연습 문제 ①-2

✏️ 오늘의 학습 목표

☑️ 유형 1 – 문제 파악

☑️ 연습 문제 ① – 답안지 작성하기

STEP 01 ─ **유형 1 - 문제 파악**   텍스트 해석 **p.107**

💬 텍스트 읽고 주어진 질문들에 대한 답변 적기

Задание 1. Прочитайте текст об этикете русского письма и изложите письменно правила написания различных писем по следующим вопросам:

1) Каким должно быть письмо по структуре?

2) Как нужно оформить письмо?

3) Как используются открытки?

4) Когда нужно отвечать на письма?

5) Как принято читать письма?

➡️ p.29~30의 텍스트를 읽고 위 질문에 대한 답변을 p.32에 적어 보세요.

💬 답안지 작성하기

04 유형 1 연습 문제 ②-1

✏️ 오늘의 학습 목표

- ✅ 유형 1 – 문제 파악
- ✅ 연습 문제 ② – 텍스트 분석

STEP 01 ┤ **유형 1 - 문제 파악**   텍스트 해석 **p.112**

💬 텍스트 읽고 주어진 질문들에 대한 답변 적기

Задание 2. Вас интересуют проблемы мегаполиса. Прочитайте текст и изложите письменно свою точку зрения по следующим вопросам:

1) Современный город, какой он?

2) Проблемы пробок и транспорта.

3) Экологические проблемы.

4) Демографические проблемы.

5) Экономические проблемы.

6) Проблемы благоустройства города.

💬 텍스트 분석

ПРОБЛЕМЫ СОВРЕМЕННОГО ГОРОДА

Общество развивается. А это значит, что увеличивается количество городов, многие деревни становятся городами. Внешний вид городов тоже постоянно меняется, они становятся более комфортными, удобными, потому что человек всегда мечтал и будет мечтать о лучшем. Кроме этого, мегаполисы являются центрами политической и культурной жизни, показывают характер общества. Хотя мы привыкли считать, что в большом городе всё должно быть идеально и нет проблем, но они есть. И вот основные из них.

Самой главной городской проблемой жители назвали пробки и дороги. Дороги, по их мнению, некачественные. А система городского транспорта работает ужасно. Люди тратят по нескольку часов в день, чтобы ездить на работу и обратно, даже если используют метро. Кроме того, в метро всегда огромное количество людей, что приводит к дискомфорту.

К сожалению, развитие мегаполисов и рост их численности приводит к экологическим проблемам. Из-за увеличения количества городов, заводов в них экологическая ситуация становится хуже. А чем хуже состояние окружающей среды, тем хуже здоровье людей.

В процессе жизнедеятельности появляются отходы. И это также одна из основных проблем города. Это может быть любой мусор как промышленный, так и бытовой (бумага, строительный мусор, ткань, стекло и т. д.). Отходы, свалки занимают огромные территории. К сожалению, отходы в России почти не используются повторно. Многие заводы не хотят тратить деньги на устройства очистки, поэтому вредные вещества попадают в воздух, воду, землю.

Многим жителям не нравится, что на улицах города грязно, даже в центре. Никто не убирает мусор, или убирает редко, мало мусорных контейнеров.

На здоровье людей также влияет городской образ жизни. Врачи говорят, что в мегаполисах люди больше нервничают, устают от транспорта, шума, огромного количества людей. Эти факторы влияют на плохую демографическую ситуацию.

Также выделяют экономические проблемы. В больших городах есть такая тенденция. Чем город больше, богаче, тем больше заводы должны тратить денег на оплату, например, электричества, аренды и т. д. – того, что помогает в работе. Поэтому если бизнесмен не может всё это оплатить или ему становится это невыгодно, он закрывает свой бизнес в большом городе и переезжает в город меньше. Это приводит к тому, что многие люди остаются без работы. Кроме этого, жители больших городов жалуются на высокие цены квартир, домов, цены на товары и услуги растут очень быстро, никто это не контролирует.

Многим жителям больших городов не нравится то, что города неуютные и безжизненные. Им не хватает зелени, света, комфорта. Многие парки, площади пустые, там ничего нет. Следовательно, туда не хочется идти.

На улицах жители не чувствуют себя безопасно, потому что мало света, во дворах домов машины ездят на высокой скорости. Раньше на улицах было много полицейских, они следили за порядком. А сейчас много хулиганов, они делают на улицах что хотят. Люди чувствуют себя незащищёнными.

Что же мы можем сделать, чтобы город стал лучше? Нужно начать с себя: использовать мусорные контейнеры на улице, каждый из нас может посадить дерево, сделать территорию около дома зелёной, создавать проекты по модернизации города, его структуры. Сейчас много фирм, которые готовы помочь это организовать.

(http://www.unn.ru/books)

05 유형 1 연습 문제 ②-2

✍️ 오늘의 학습 목표

☑️ 유형 1 – 문제 파악

☑️ 연습 문제 ② – 답안지 작성하기

STEP 01 — **유형 1 - 문제 파악**   텍스트 해석 p.112

💬 텍스트 읽고 주어진 질문들에 대한 답변 적기

Задание 2. Вас интересуют проблемы мегаполиса. Прочитайте текст и изложите письменно свою точку зрения по следующим вопросам:

1) Современный город, какой он?

2) Проблемы пробок и транспорта.

3) Экологические проблемы.

4) Демографические проблемы.

5) Экономические проблемы.

6) Проблемы благоустройства города.

➡️ p.34~35의 텍스트를 읽고 위 질문에 대한 답변을 p.37에 적어 보세요.

STEP 02 ┤ **연습 문제 ②**

모범 답안 p.115

💬 답안지 작성하기

06 유형 1 연습 문제 ③-1

✏️ 오늘의 학습 목표

- ☑️ 유형 1 – 문제 파악
- ☑️ 연습 문제 ③ – 텍스트 분석

STEP 01 ┤ **유형 1 - 문제 파악**   텍스트 해석 **p.117**

💬 텍스트 읽고 주어진 질문들에 대한 답변 적기

Задание 3. Вас интересуют проблемы экологии, охраны природы и памятников культуры. Прочитайте текст и изложите письменно точку зрения автора по данным вопросам:

1) Что такое экология?

2) Чем занимается экология сейчас?

3) Чем она должна заниматься в будущем?

4) Какие два раздела должны быть в экологии будущего?

5) В чём состоит разница между экологией природы и экологией культуры?

6) Кто и почему должен сохранять и защищать культуру?

💬 텍스트 분석

ПАМЯТЬ КУЛЬТУРЫ

Сегодня многие учёные и общественные деятели делают всё возможное, чтобы спасти от загрязнения воздух, моря, реки, леса. Они хотят сохранить животный мир нашей планеты, спасти птиц. Человечество тратит огромные деньги, чтобы сохранить природу. Наука, которая занимается охраной природы, называется экологией. И экологию уже сейчас преподают в университетах.

Но экология должна заниматься не только задачами сохранения природы. Ведь человек живёт не только в природной среде, но и в среде, которая создана культурой. Если природа необходима человеку для его биологической жизни, то культурная среда необходима для его духовной жизни. Поэтому сохранение культурной среды – задача не менее важная, чем сохранение природы. Однако вопрос об экологии культуры, к сожалению, пока не изучается. Изучаются различные виды культуры, изучается культура прошлого, но не изучается значение культурной среды для человека. Человек воспитывается в окружающей его культурной среде незаметно для себя. Его воспитывает история, прошлое. Прошлое открывает ему окно в мир, и не только окно, но и двери. Жить там, где жили поэты и писатели великой русской литературы, великие критики и философы, ходить в музеи, на выставки – значит постепенно становится духовно богаче.

Улицы, площади, отдельные дома говорят нам о тех, кто здесь бывал раньше. И человек с открытой душой входит в прошлое. Он учится уважению к тем, кто жил раньше. Он помнит о том, что нужно будет сохранить культуру прошлого для будущего тех, кто будет жить после него. Он начинает учиться ответственности перед людьми прошлого и одновременно перед людьми будущего. Забота о прошлом – это одновременно и забота о будущем.

Любить свою семью, своё детство, свой дом, свою школу, свой город, свою страну, свою культуру и язык, весь земной шар необходимо для духовного здоровья человека.

Итак, в экологии есть два раздела: экология биологическая, природная, и экология культурная, духовная. Незнание и неуважение природной экологии может убить человека биологически, а незнание и неуважение культурной экологии убивает человека духовно.

Есть большое различие между экологией природы и экологией культуры. Можно очистить загрязнённые реки и восстановить леса. Природа сама помогает человеку, потому что она «живая». У неё есть способность к восстановлению. Но памятники культуры восстановить нельзя, потому что они всегда индивидуальны, всегда связаны с определённым временем, с определёнными художниками, архитекторами. Каждый памятник разрушается навсегда, навечно. И он совершенно беззащитен, он не восстановит самого себя.

Культура беззащитна. И её должен защищать каждый из нас. Мы не должны надеяться, что сохранением культуры прошлого занимаются специальные государственные и общественные организации. Мы сами должны хранить и защищать всю красоту, которую создали люди для нас и наших детей. Такова наша задача, наш долг перед прошлым и будущим.

(http://puskinhn.edu.vn/ds)

07 유형 1 연습 문제 ③-2

✏️ 오늘의 학습 목표

☑️ 유형 1 – 문제 파악

☑️ 연습 문제 ③ – 답안지 작성하기

STEP 01 ── **유형 1 – 문제 파악**   텍스트 해석 p.117

💬 텍스트 읽고 주어진 질문들에 대한 답변 적기

Задание 3. Вас интересуют проблемы экологии, охраны природы и памятников культуры. Прочитайте текст и изложите письменно точку зрения автора по данным вопросам:

1) Что такое экология?

2) Чем занимается экология сейчас?

3) Чем она должна заниматься в будущем?

4) Какие два раздела должны быть в экологии будущего?

5) В чём состоит разница между экологией природы и экологией культуры?

6) Кто и почему должен сохранять и защищать культуру?

➡️ p.39~40의 텍스트를 읽고 위 질문에 대한 답변을 p.42에 적어 보세요.

💬 답안지 작성하기

쓰기 영역

08 유형 2 연습 문제

✏️ 오늘의 학습 목표

☑️ 유형 2 – 유형 파악

☑️ 연습 문제 ①, ②, ③

STEP 01 ── **유형 2 - 유형 파악**

💬 주어진 상황에 따라 메모 작성하기

- 문장 수: 대략 5개
- 자주 나오는 주제: 일상 생활에서 쉽게 겪을 만한 상황

                (지인과의 약속 변경 또는 취소, 사유 설명 / 모임 불참 또는 지각, 사유 설명)
- 메모 작성 방법: 정해진 메모 형식에 맞춰 작성 (편지 쓰기와 유사)

Задание 1. Напишите записку.

Вы не сможете встретиться с Вашей подругой или другом, как договаривались ранее. Напишите сообщение ему/ей о том, что Вы задерживаетесь на 10-15 минут. Попросите подождать Вас на месте, о котором Вы уже договорились.

В Вашей записке должно быть не менее 5 предложений.

Задание 2. Напишите записку.

Сейчас Вы на работе. Ваш коллега, который сидит рядом с Вами, пошёл пообедать пораньше. Вы получили его звонок. Вас попросили передать, что нужно изменить дату встречи и созвониться с ним. Напишите записку об этом.

В Вашей записке должно быть не менее 5 предложений.

Задание 3. Напишите записку.

Ваша подруга пригласила Вас к себе в гости на новогоднюю вечеринку. Но Вы не сможете прийти туда. Напишите записку об этой ситуации и её причине.

В Вашей записке должно быть не менее 5 предложений.

09 유형 3 연습 문제

 **오늘의 학습 목표**

☑ 유형 3 – 유형 파악

☑ 연습 문제 ①, ②, ③

STEP 01 ─ 유형 3 – 유형 파악

💬 주어진 상황에 따라 신청서(또는 제안서) 작성하기

〈답안 작성 예시〉

> Генеральному директору
>
> ООО «Пион»
>
> Воронову А.В.
>
> от машиниста экскаватора
>
> Заславского В.М.
>
> Заявление
>
>   Прошу предоставить мне отгул 01.02.2022 по семейным обстоятельствам (встретить родных в аэропорту) в счёт одного дня ежегодного оплачиваемого отпуска.
>
> 28.01.2022 г.   Заславский В.М.

1) 수신자 (문서의 오른쪽 상단)

- 수신자의 직책과 성을 여격(~에게)으로 바꿔 쓴다.
- '직책+성+이름'의 순서로는 먼저 직책을 대문자로 시작하여 쓴다.

  예 Директору центра образования Воронову И. В.

2) 발신자 (문서의 오른쪽 상단)

- 수신자 바로 아래 적는다.
- 발신자의 직책과 성, 이름을 생격으로 또는 전치사 от과 함께 생격(~로부터)으로 쓴다.
- '직책+성+이름'의 순서로는 먼저 직책을 소문자로 시작하여 쓴다.

  예 (от) студента 2 курса Ким Мин Су

3) 제목 (заявление)

- 제목은 모두 대문자로 적거나 맨 앞 글자만 대문자로 적는다.
- 문장의 정가운데에 배치한다.
- 제목의 위, 아래에 각각 한 줄씩 간격을 둔다.

4) 본문

- 본문은 반드시 들여쓰기로 시작한다.
- 호칭, 인사는 적지 않고 바로 요청하는 내용을 적는다.

  중요 Прошу (Вас) + 요청하는 내용 (동사 원형)
- 정확한 날짜 표현은 전치사 с, по를 사용하여 나타낸다.
- 이유를 언급하려면 поскольку, так как, в связи с + чем, по состоянию + чего, по поводу + чего 등을 사용한다. (потому что, из-за + чего 사용하지 않음)

5) 끝인사

- 공식 문서이므로 끝인사는 적지 않는다.

6) 날짜와 서명

- 본문 아래에 간격을 두고 왼쪽에 날짜를, 오른쪽에 서명을 한다.
- 날짜는 일, 월, 년도 순서로 적는다. 이때, 년도를 뜻하는 год는 약자로 표기할 수 있다.

  예 2 июля 2016 года (또는 02.07.2016 г.)
- 편지글에서 주로 사용했던 С уважением, Благодарю Вас 등의 표현은 쓰지 않는다.

STEP 02 — 연습 문제

모범 답안 p.126

Задание 1. Вы хотите уволиться с работы. Напишите заявление на имя генерального директора фирмы.

Задание 2. Ваша бабушка сильно заболела. Вам надо срочно поехать к бабушке и ухаживать за ней. Напишите заявление с просьбой о предоставлении отпуска.

Задание 3. Вас пригласили на Олимпиаду, которая пройдёт в Корее. Для участия в ней Вам придётся пропустить занятия. Напишите заявление на имя декана математического факультета Вашего университета.

10 유형 4 연습 문제 ①

✏️ 오늘의 학습 목표

☑️ 유형 4 – 문제 파악

☑️ 연습 문제 ① – 답안지 작성하기

STEP 01 유형 4 - 문제 파악   텍스트 해석 p.129

 제시된 주제에 맞는 편지 쓰기

Задание 1. Вы работаете в туристической фирме. Письмо вам прислал один клиент, чтобы получить информацию о турах в России.

Напишите ему письмо, в котором ответьте на следующие вопросы:

– о природе России;

– об экскурсионной программе;

– о стоимости тура;

– о проживании и питании;

В Вашем письме должно быть не менее 20 предложений.

STEP 02 — **연습 문제 ①**

모범 답안 p.130

💬 답안지 작성하기

11 유형 4 연습 문제 ②

✏️ 오늘의 학습 목표

☑ 유형 4 – 문제 파악

☑ 연습 문제 ② – 답안지 작성하기

STEP 01 — **유형 4 - 문제 파악**   텍스트 해석 p.132

💬 제시된 주제에 맞는 편지 쓰기

Задание 2. Вы хотели бы продолжить изучение русского языка на курсах в Москве. Напишите письмо в центр образования и отправьте его по электронной почте.

В письме:

а) задайте интересующие Вас вопросы

– о продолжительности курса

– о количестве студентов в группах

– об условиях проживания

– о преподавателях

– о стоимости

– об экскурсионной программе

– о возможности сдавать ТРКИ

б) сообщите о себе необходимую информацию

– как Вас зовут

– откуда Вы

– где и сколько времени Вы изучали русский язык

– на сколько времени Вы собираетесь поехать в Россию

– ваши интересы и пожелания

– ваши планы на будущее, если они связаны с русским языком

В Вашем письме должно быть не менее 20 предложений.

STEP 02 ─ **연습 문제 ②**

모범 답안 p.133

💬 답안지 작성하기

쓰기 영역

12 유형 4 연습 문제 ③

🖊 오늘의 학습 목표

☑ 유형 4 – 문제 파악

☑ 연습 문제 ③ – 답안지 작성하기

STEP 01 ┤ **유형 4 – 문제 파악**   텍스트 해석 p.135

 제시된 주제에 맞는 편지 쓰기

Задание 3. В России Вы познакомились с новыми друзьями. Они интересуются Вашей страной. Напишите им письмо о своей стране (своём городе).

Не забудьте, что из Вашего письма друзья должны узнать:

– о местонахождении страны и её климате

– краткую историю страны

– о современной политике, экономике, культуре страны

– о том, что интересного можно посмотреть в стране, какие исторические и культурные центры Вы видели

– о том, в какое время года лучше поехать в страну и почему

В Вашем письме должно быть не менее 20 предложений.

모범 답안 p.136

💬 답안지 작성하기

13 유형 4 연습 문제 ④

✏️ 오늘의 학습 목표

☑️ 유형 4 – 문제 파악

☑️ 연습 문제 ④, ⑤ – 답안지 작성하기

STEP 01 ── **유형 4 – 문제 파악**   텍스트 해석 p.137

 제시된 주제에 맞는 편지 쓰기

Задание 4. Недавно Вы приехали во Владивосток, чтобы изучать русский язык. Напишите письмо Вашим родителям, расскажите в нём о своей жизни и учёбе в России.

В Вашем письме должно быть не менее 20 предложений.

Задание 5. Вы учились в России два года. Недавно Вы вернулись на родину. Напишите письмо русским друзьям или преподавательницам и поздравьте их с Рождеством (Новым годом, днём рождения).

– Напишите поздравление.

– Расскажите, как отмечают праздники на Вашей родине.

В Вашем письме должно быть не менее 20 предложений.

💬 답안지 작성하기

STEP 02 — **연습 문제 ⑤**

모범 답안 p.140

💬 답안지 작성하기

실전 모의고사

STEP 01 — 쓰기 영역 – 응시 안내문

ПИСЬМО

Инструкция к выполнению теста

- Время выполнения теста — 60 минут.
- Тест состоит из 2 заданий.
- При выполнении теста можно пользоваться словарём.

텍스트 해석 및 모범 답안 p.141

STEP 02 **실전 모의고사**

Задание 1. Вас интересует проблема «Женщины в современном обществе». Прочитайте текст и письменно изложите все мнения, которые были высказаны по этой проблеме. Напишите, с чем Вы согласны или не согласны и почему. Ваше изложение должно быть достаточно полным, логичным и связным.

Современные женщины, как правило, работают. Многие любят работу и гордятся своими успехами. Но не слишком ли много работают сегодня женщины? Ведь после работы их ещё ждут домашние дела, которые требуют много сил и времени.

Может быть, женщине лучше не работать, а заниматься домом и воспитанием детей? С этим вопросом газета «Московские новости» обратилась к своим читателям. Вот наиболее интересные ответы.

Георгий Гречко, лётчик-космонавт: «Моя мать работала главным инженером завода. Помню, как на следующий день после того, как она ушла на пенсию, она мне сказала: "Первый раз я спала спокойно". До этого она каждую ночь беспокоилась, не случилось ли что-нибудь на заводе, но если бы кто-нибудь предложил моей матери не работать, а только заниматься домашним хозяйством, она бы не согласилась — она любила свой завод, свою работу. Конечно, жизнь женщины трудна, часто очень трудна, и всё-таки никто не может лишить её права заниматься любимым делом. Я считаю, что государство должно помнить: женщина нуждается в заботе и помощи».

Шократ Тадыров, работающий в Академии наук в Туркмении: «Я хочу поговорить о воспитании детей. Ответственность мужчин в этом вопросе не может равняться с ответственностью женщин. Воспитание детей должно быть главной задачей женщины. И, конечно, забота о доме и о муже. Ведь муж зарабатывает деньги на содержание своей семьи и, естественно, нуждается во внимании жены. Работающие женщины — вот главная причина того, что во многих странах теперь рождается так мало детей. Кроме того, работающая женщина становится материально самостоятельной, поэтому родители часто расходятся, и дети растут без отца».

Эльвира Новикова, депутат Государственной Думы: «У женщины должен быть выбор: где, сколько и как работать и работать ли вообще. Пусть свою судьбу выбирают сами женщины в зависимости от того, что для них главное — дом, работа или и то, и другое вместе. Не нужно искать один вариант счастья для всех, ведь у каждой женщины свои представления о счастье. И государство должно принимать свои решения, заботясь о работающих женщинах и их детях».

Алексей Петрович Николаев, пенсионер: «Время очень изменило женщин. Или, лучше сказать, женщина сама изменилась. Мы уже привыкли к тому, что нас учат и лечат женщины, что среди инженеров, экономистов, юристов много женщин. Сегодня мы нередко встречаем женщин-полицейских, политиков и даже лётчиц. Женщина овладела, кажется, всеми мужскими профессиями. А вы знаете, о чём мечтают такие женщины? Они мечтают о букете цветов и не хотят потерять право на внимание мужчин».

Александр Данверский, журналист: «До сих пор все войны, катастрофы, социальные эксперименты происходили потому, что решения принимали мужчины. Женщин, к сожалению, не приглашали обсуждать важные проблемы. В последние годы социологи всё чаще говорят, что XXI век будет веком женщины, потому что так называемые «мужские ценности» (личный успех, решение проблем с позиции силы) уступят место «женским ценностям»: заботе о мире и общем благополучии. Если мы хотим, чтобы положение изменилось, мы, мужчины, должны помочь женщинам занять в обществе достойное место».

Дорогие читатели! Наша редакция ежедневно получает десятки писем, посвящённых этой актуальной проблеме, поэтому мы продолжим обсуждение темы «Женщины в современном обществе». Ждём ваших писем.

(по материалам газеты «Московские новости»)

Задание 2. Вы хотите получить в России интересную работу. Напишите о себе. Изложение информации должно быть полным, логичным и связным (не менее 20 предложений).

Вы можете использовать данные ниже вопросы:

– Как Вас зовут?

– Когда и где Вы родились?

– Какое Ваше семейное положение? (Вы женат? Вы замужем?)

– Кто ваша жена (муж)? Чем она (он) занимается?

– Есть ли у Вас дети? Чем они занимаются?

– Где Вы живёте в настоящее время?

– Где Вы учились раньше?

– Хотели бы Вы продолжить своё образование? Где? Когда?

– Чем Вы занимаетесь в настоящее время?

– Какие иностранные языки Вы знаете? На каком уровне ими владеете?

– Кем бы Вы хотели работать в России? Где именно?

– Сколько времени Вы хотели бы жить и работать в России?

💬 모범 답안에서 틀린 부분을 찾아 고치세요.

Уважаемая Пётр Иванович!

Здравствуйте! Меня зовут Ли Су Ми. Недавно я увидела объявление о приёме на работу в Вашу фирму, которая давно работает с корейскими компаниями. Я хотелабы получить возможность работать у Вас. Далее я кратко расскажу о себе.

Я родилась в 1988 году в городе Пусан. Сейчас живу в городе Сеул. Я замужем. Детей у нас пока нет. Мы с мужем познакомились, когда вместе учились в одной университете. По специальности он инженер, но и русский язык знает хорошо. Поэтому он без проблема сможет жить в России. Другими словами, мы оба готовы поехать в Россию.

Далее я хочу рассказать о таких важных вещах, как моё образование и опыт работы в Корее. Я училась в университете, который считает одним из лучших в Корее – Университет Ханкук. У меня 3 специальности – русский язык, английский язык и международная торговля. Благодаря, что в детстве я жила в Австралии, я свободно владею английским языком. А для повышения уровня знания русского языка я постоянно общаюсь с русскими друзьями.

Кроме этого, у меня есть достаточно большой опыт работы. В настоящее время я работала в Корейской Торгово-промышленной палате. Уже 7 лет здесь занимается консультацией по менеджменту и предоставлению информации и услуг корейским компаниям, которые сотрудничают с зарубежными партнёрами.

В последнее время у меня появился интерес работы в России. Я хотела бы узнать больше о рабочей атмосфере и особенностях работы в российских компаниях. Я считаю, что это очень важно и полезно для укрепления сотрудничества между Кореей и Россией. В Вашей фирме я хотела бы работать консультантом по управлению торговли с Кореей.

Кроме этого, я планирую продолжить своё образование в России. Чтобы ещё лучше владеть русским языком, я буду посещать вечерние языковые курсы. К тому же, в моих планах в будущем поступить в экономический институт.

Таким образом, я собираюсь поехать в Россию на довольно долгое время – не менее 5 лет и ищу работу на долгосрочный период. Я надеюсь, что Вас заинтересовалось моё письмо.

С нетерпением жду от Вас хорошего ответа. Заранее благодарю Вас за внимание.

До свидания!

С уважением,
Ли Су МИ

토르플
1단계
말하기 영역

Говорение

01 1단계 말하기 영역 알아보기

✏️ 오늘의 학습 목표

- ☑️ TORFL 1단계 말하기 영역 알아보기
- ☑️ 말하기 영역 고득점 획득을 위한 꿀 TIP

STEP 01 — **TORFL 1단계 말하기 영역 알아보기**

💬 지시문 파악하기 (Инструкция по выполнению субтеста)

- Время выполнения теста – 60 минут.
- Тест состоит из 4 заданий.
- При выполнении заданий 3 и 4 можно пользоваться словарём.
- Ваши ответы записываются на плёнку.

💬 Задание 유형 파악하기

- Задание 1: 간단한 질문에 즉시 대답하기
- Задание 2: 주어진 상황에 먼저 대화를 시작하기
- Задание 3: 텍스트 읽고 간단하게 요약 & 자신의 생각 말하기
- Задание 4: 제시된 주제에 따라 간단한 이야기 만들기

❶ Задание 1: 간단한 질문에 즉시 대답하기

> • 시험 시간: 5분
>
> • 사전 준비 시간: 없음
>
> • 질문의 첫 마디: Я знаю, что ... / Ты не забыл, что ...
>
>   Я слышал, что ... / Говорят, что ...

➡ 질문이 길어지더라도 당황하지 말고 의문사를 정확히 들을 것
　한 번의 답변으로 끝나지 않고 질문이 추가될 수도 있음

❷ Задание 2: 주어진 상황에 먼저 대화를 시작하기

> • 시험 시간: 5~8분
>
> • 사전 준비 시간: 없음
>
> • 자주 출제되는 내용: 표 구입(기차, 비행기), 약국 또는 병원에서 아픈 증상 설명하기,
>
>   상점에서 추천 받아 물건 구매하기

➡ 정확한 상황 파악과 답변을 위해 특히 명령형을 잘 들을 것
　명령형이 여러 번 나올 수 있으며 모두 답변해야 감점되지 않음

❸ Задание 3: 텍스트 읽고 간단하게 요약 & 자신의 생각 말하기

> • 시험 시간: 최대 25분
>
> • 사전 준비 시간: 15분 / 답하는 시간: 약 10분
>
> • 사전 사용 가능 (핵심 단어 위주로 찾을 것)
>
> • 텍스트 요약: Прочитайте текст (рассказ) ... /
>
>   (кратко) Передайте его содержание.
>
> • 텍스트 관련 질문 (주제, 자신의 생각): Сформулируйте основную идею текста. /
>
>   Выразите своё отношение к данной идее.

❹ **Задание 4**: 제시된 주제에 따라 간단한 이야기 만들기

> • 시험 시간: 최대 20분
> • 사전 준비 시간: 10분 / 답하는 시간: 약 10분
> • 자주 출제되는 내용: 구체적인 자기 소개 / 자신의 일상 소개 (학업, 일)
>   자신의 관심 분야, 취미, 여가 시간 관련 정보
>   자신이 살고 있는 도시, 국가 소개
>   타인에게 관광지, 프로그램 소개 (다른 국가, 지역)
>   자신이 공부하고 싶거나 일하고 싶은 곳 소개, 이유

STEP 02 ─ 말하기 영역 고득점 획득을 위한 꿀 TIP

1) Задание 1, 2

> • 자주 나오는 대화 장소: 매표소, 가게, 약국, 병원, 길거리, 학교, 식당 등
> • 각 장소에서 일어날 상황을 미리 가정해 보기, 예상 질문 및 답변을 만들어 보고 주요 어휘와 표
>   현 암기하기
> • 핵심 명령문 기억하기: Объясните! / Спросите! / Посоветуйте! /
>   Попросите! / Уточните! / Узнайте! /
>   Пойдите + куда! / Обратитесь + к кому

2) Задание 3

> • 준비 시간 15분 중, 독해 시간은 10분을 넘기지 말 것
> • 위인, 러시아 문학 작품, 사회 및 환경 문제 등과 관련된 텍스트로 평소 독해 연습

3) Задание 4

> • 쓰기 영역 유형 4 주제 참고할 것
> • 지나치게 어려운 어휘나 숙어 표현을 사용하려고 애쓰지 말 것

말하기 영역

02 Задание 1 ①

✏️ **오늘의 학습 목표**

☑️ Задание 1 – 유형 분석 ①

🎧 음원듣기

STEP 01 ── **Задание 1 – 유형 분석 ①**

💬 간단한 질문에 즉시 대답하기

출제 빈도수가 높은 내용 및 주요 표현 살펴보기

1) 일상: 안부 묻기, 컨디션 상태

질문 Привет, Маша! Ты так хорошо сегодня выглядишь! Скажи, почему?

답변 Привет, Иван! Спасибо (за комплимент). У меня сегодня отличное
настроение. Утром я сдала все экзамены и теперь начались каникулы.

질문 Поздравляю! Молодец! Какие у тебя планы на каникулы?

답변 Пока точно не знаю. Хочу просто отдыхать и спать.

질문 Вчера я весь день звонил тебе домой, но никто не отвечал. Что случилось?

답변 Привет, Вика! Извини, вчера я был очень занят. Ко мне приехали родители
из России и я встречал их в аэропорту.

질문 Утром я видел Сашу на улице. У него усталый вид. (Ты знаешь, что у него
случилось?)

답변 Правда? Он плохо выглядит? Знаю, что он очень много работает. Вечером я
позвоню ему и спрошу.

2) (칭찬) 취미, 특기, 관심사

질문 Говорят, что вы хорошо и красиво танцуете! Вы специально где-то учились или научились сами?

답변 Большое спасибо. Я занималась балетом в школе. Я очень люблю танцевать.

질문 Замечательно! Я тоже хочу танцевать. Можете научить меня?

답변 Конечно, могу! Я иногда учу детей. Когда у вас будет время? Сейчас я не занята.

질문 Я слышал, что вы прекрасно играете на скрипке. Вы, наверное, долго учились / практиковались?

답변 Огромное спасибо. Да, я начал играть на скрипке в 8 лет. Я мечтал стать известным музыкантом. Но сейчас это просто хобби.

질문 Я знаю, что ты любишь плавать. Часто ходишь в бассейн? И сколько по времени?

답변 Да, мне очень нравится плавать. Я стараюсь ходить в бассейн 3 раза в неделю по 2 часа. Но иногда не успеваю.

3) 가게, 서점, 도서관 관련 정보 묻기 (영업 시간, 휴무)

질문 Соня, ты не забыла, что скоро у Виктора будет день рождения? Давай пойдём вместе в универмаг. Знаешь, когда он работает?

답변 С удовольствием! Пойдём туда сегодня. Универмаг работает с 9 утра до 10 вечера без выходных (не работает в понедельник).

질문 Тогда лучше пойти после занятий. Ты решила, что купить ему?

답변 Нет, я ещё не решила. Что ему нужно? Посмотрим вместе и придумаем!

질문 Ты слышал, что недавно открылась новая большая библиотека рядом с нашим университетом? Ты уже был там? Какие книги там можно взять?

답변 Да, вчера я уже был там. Библиотека вообще огромная. Там много книг, учебников, словарей и журналов. (Какие книги ты хочешь взять?)

질문 Говорят, что ты каждый день ходишь в кафе «Россия». Скажи, почему оно тебе так нравится? И когда оно работает.

답변 Да, правильно. Это моё любимое место. Там очень тихо и удобно. Кафе открыто (работает) 24 часа. А также интернет (wifi) бесплатный.

4) 위치 안내, 길 찾기

질문 Простите! Мне нужно в посольство. Скажите, пожалуйста, как пройти (добраться, пойти, попасть) туда. Это далеко?

답변 Ой, это достаточно далеко. Пешком вы не сможете дойти. Советую вам доехать на автобусе или метро.

질문 Спасибо вам. Сколько по времени зайдёт дорога? Я очень спешу.

답변 Точно не знаю, примерно 30 минут. Если вам срочно, лучше взять такси.

질문 Извините! Я слышала, что на этой улице находится корейский ресторан. Но не могу его найти.

답변 Ресторан называется «Arirang»? Если да, вам надо перейти дорогу. Он находится не на этой улице, а на улице «Корейская».

질문 Привет, Дима! Я хочу посмотреть интересный фильм. Здесь есть кинотеатр? Где он находится?

답변 В нашем районе есть несколько кинотеатров. Если тебе хорошо пойти пешком, рекомендую пойти в «CINEMA». Он находится напротив университета.

03 Задание 1 ②

✎ 오늘의 학습 목표

☑ Задание 1 – 유형 분석 ②

☑ 연습 문제

🎧 음원듣기

STEP 01 ─ **Задание 1 – 유형 분석 ②**

💬 간단한 질문에 즉시 대답하기

출제 빈도수가 높은 내용 및 주요 표현 살펴보기

5) 상대방 일정 관련 정보, 의견 묻기

질문 Зоя, я знаю, что ты позавчера была в музее. В какой музей ты ходила? Что ты там увидела?

답변 Да, я ходила в Исторический музей. В нём недавно открылась новая фотовыставка «Старая Россия». Там я посмотрела интересные фотографии о России.

질문 Как интересно! Я тоже хочу пойти туда. Где находится музей?

답변 Это очень близко. Музей находится недалеко от моего дома. Давай пойдём вместе!

질문 Андрей, я слышал, что на прошлой неделе была сессия в университете. Ну и как, сдал все экзамены?

답변 На прошлой неделе мне было очень тяжело. К счастью, в общем я получил хорошие оценки. Но экзамен по русской литературе не сдал.

질문 Говорят, что вы собираетесь поехать в Европу в отпуск. Когда? В какие страны?

답변 Да (правильно), вчера я купил билеты на самолёт. Через месяц я поеду в Испанию и Германию. Я давно хотел путешествовать по Европе.

6) 선물, 기념품 추천

질문 Вера, я уже скоро вернусь домой в Корею. Но ещё не решил, какие сувениры лучше привезти из России. Посоветуй мне, пожалуйста.

답변 Конечно, у нас в России есть много русских (интересных) сувениров. Но больше всего советую тебе купить красивые матрёшки. (Они очень популярны у иностранцев.)

질문 Хорошо. Ты знаешь, где можно купить матрёшки подешевле?

답변 Кажется, лучше купить их на центральном рынке. Там большой выбор.

질문 Ты не забыла, что наша преподавательница пригласила нас к себе в гости в субботу? Давай подарим ей что-нибудь. Как ты думаешь?

답변 Хорошая идея! Я знаю, что она очень любит цветы, особенно розы. А ещё она часто ест сладкое.

질문 Тогда давай сами сделаем торт. Когда ты свободна? Приходи ко мне домой и мы вместе приготовим вкусный торт!

답변 Прекрасно! Завтра у меня не будет занятий. Я куплю продукты и приду к тебе после обеда.

7) 기타 (그 외 상황)

질문 Саша, только что в метро у меня украли сумку. Что делать? Я испугалась и сейчас очень боюсь.

답변 Правда? Ты в порядке? Успокойся (не переживай)! Тебе надо обратиться в полицию. Позвони по номеру 112!

질문 Сегодня я очень плохо себя чувствую. У меня болит голова и мне больно глотать. Что мне делать?

답변 В последнее время ты слишком много работал. Ты принимал лекарства? Если не стало лучше, советую тебе пойти к врачу.

STEP 02 연습 문제 모범 답안 p.149

B1. Ты не забыл, что сегодня вечером нас пригласила в гости Инна. Пойдём вместе? Где и когда встретимся?

B2. Алло! Привет, Таня! Где ты? Я беспокоилась, потому что тебя не было на занятиях. Что случилось? У тебя что–то болит?

B3. Говорят, что вы отлично играете на скрипке, как настоящий музыкант. На чём вы ещё умеете играть? Наверное, вы также хорошо поёте?

B4. Борис, я слышал, что завтра у тебя начнутся летние каникулы. Ты ведь первый раз в России летом? Какие у тебя планы?

B5. В воскресенье ко мне в гости приедут знакомые из России. Их надо встретить в аэропорту, но моя машина сломалась. Можете мне помочь?

말하기 영역

04 Задание 2 ①

✏️ **오늘의 학습 목표**

☑️ Задание 2 – 유형 분석 ①

🎧 음원듣기

STEP 01 — **Задание 2 - 유형 분석 ①**

💬 주어진 상황에 먼저 대화를 시작하기

출제 빈도수가 높은 내용 및 주요 표현 살펴보기

1) 표 구매: 기차, 비행기 / 콘서트, 공연 티켓

질문 Скоро у вас будет отпуск. Вы хотите поехать с подругой в Москву. Купите билеты на самолёт.

답변 Здравствуйте! Мне нужно купить два билета на самолёт до Москвы. Мы собираемся поехать в начале июня. Сколько стоят самые дешёвые билеты?

질문 Вам нужен прямой рейс или с пересадкой в других странах?

답변 Конечно, я предпочитаю прямой. Но, наверное, это дорого стоит? Скажите, пожалуйста, стоимости разных вариантов билетов.

질문 Вы пришли посмотреть балет в театр. Подойдите к кассе и спросите, когда начинается балет и сколько стоит билет.

답변 Добрый день! Мне нужно 4 билета на балет «Щелкунчик». Есть билеты на эту субботу? Во сколько часов начало балета и сколько стоит билет?

질문 В субботу балет «Щелкунчик» начинается в 3 часа дня и в 8 часов вечера. На какое время будете брать билет? Какие места выбираете?

답변 Я возьму билеты на вечер. Мне нужен пятый ряд, места в центре ряда. Сколько стоит один билет?

2) 약국 또는 병원에서 아픈 증상 설명, 약 구매

질문 Вчера вы простудились и сейчас пришли к врачу. Объясните, что у вас болит. Попросите врача выписать вам хорошие лекарства.

답변 Доброе утро, доктор! Я плохо себя чувствую. У меня болит горло и голова. Кажется, температура тоже высокая. А также у меня насморк и кашель. (Что мне делать?) Посоветуйте мне хорошие лекарства, пожалуйста!

질문 Давайте я вас осмотрю. Откройте, пожалуйста, рот! Ой, горло у вас красное. Вам надо принимать лекарства в течение недели. Вот рецепт.

답변 Спасибо. Как принимать лекарства? Что вы ещё мне советуете? Что можно, а что нельзя?

질문 Ваш брат заболел, у него грипп. У вас дома нет лекарств. Пойдите в аптеку и купите лекарства от гриппа, опишите симптомы.

답변 Здравствуйте! Мне нужно лекарство от гриппа. У моего брата головная боль и сильный кашель. Температура у него – выше 38℃. У него сильная слабость и ему больно глотать.

3) 상점에서 추천 받아 물건 구매하기

질문 Через 2 недели будет Новый год. Сходите в торговый центр и купите родителям подарки. Спросите у продавца, какой подарок лучше купить.

답변 Будьте добры, скажите, пожалуйста, какие подарки лучше купить родителям. Для мамы я хочу купить её любимые духи. Но для папы ещё не решил.

질문 Он сейчас работает? Я рекомендую вам взять галстук или носки. У нас большой выбор.

답변 О, прекрасно! Мой папа каждый день ходит на работу в костюме. Спасибо за помощь.

질문 Вечером у вас дома будет вечеринка. Вы пригласили гостей и сами приготовите ужин. Купите на рынке продукты. Спросите продавца, есть ли у него нужные вам продукты.

답변 Будьте любезны, дайте, пожалуйста, сыр и 500 гр. свинины. И скажите, у вас есть лук, огурец и помидоры? Я собираюсь приготовить салат.

질문 Конечно, есть. Все овощи свежие и недорогие. Посмотрите, пожалуйста! Вам не нужны фрукты?

답변 Нет, спасибо. Фрукты я уже купила. Я возьму 2 огурца и 5 помидоров.

4) 친구, 지인에게 책이나 공연 또는 여행지 추천하기

질문 На занятии вы прочитали стихи, которые Вам понравились. Посоветуйте вашему другу прочитать их и объясните, почему.

답변 Привет, Андрей! Сегодня я прочитал стихи Пушкина на русском языке. Ты не слышал о стихотворении «Если жизнь тебя обманет»? Эти стихи учат относиться к жизни философски. Почитай обязательно! Уверен, что тебе тоже они понравятся.

질문 Ты читал их на русском языке? Здорово! Не трудно было? Я слышал только название стихов, но сами стихи не читал.

답변 Естественно, нелегко, но интересно! Если хочешь, я помогу тебе их прочитать. А затем можем обсудить их смысл и поговорить о жизни.

05 Задание 2 ②

✏️ **오늘의 학습 목표**

☑️ Задание 2 – 유형 분석 ②

☑️ 연습 문제

Задание 2 – 유형 분석 ②

💬 주어진 상황에 먼저 대화를 시작하기

출제 빈도수가 높은 내용 및 주요 표현 살펴보기

5) 상대방 평가, 후기 묻기 (공연 관람, 여행, 이사, 이직)

질문 Вы узнали, что ваша подруга сходила на концерт вашего любимого певца. Расспросите её о концерте.

답변 Добрый день, Катя! Я слышал, что ты была на концерте певца Кима. Я очень люблю его песни. Расскажи мне о концерте! Тебе понравилось? Какие песни он пел?

질문 Недавно ваш знакомый купил новую квартиру. Поздравьте его с покупкой и расспросите о новой квартире.

답변 Дима, привет! Я слышала, что ты купил новую квартиру. Поздравляю тебя с покупкой! Где находится новая квартира? Сколько комнат? На каком этаже ты живёшь?

실전 맛보기 Летом ваш коллега ездил в Сочи, и вы тоже планируете туда поехать. Попросите его рассказать о своей поездке.

6) 도움 요청, 요구사항 (도서관, 학과 사무실, 기숙사, 대사관)

질문 Вы пришли в посольство Китая в Корее. Вы хотите получить визу. Спросите сотрудника посольства, какие документы вам нужны и за сколько времени можно получить визу.

답변 Здравствуйте! Я собираюсь поехать в Китай через 2 месяца. Мне надо получить визу. Какие документы мне нужны для этого? Я принесла свой паспорт. И когда можно получить готовую визу?

실전 맛보기 Вы забыли, где будет проходить ваша лекция. Пойдите в учебную часть и уточните номер аудитории.

7) 기타 (그 외 상황)

질문 Ваши однокурсники хотят учиться вместе с вами во Владивостоке. Обратитесь в международный центр и узнайте о курсах (длительность курсов, их стоимость).

답변 Здравствуйте! Меня зовут Ми Ён. У меня есть несколько вопросов про курсы русского языка. Мои однокурсники планируют приехать сюда. Какие группы и программы у вас есть? Сколько они стоят? Сколько часов в день проходит занятие?

모범 답안 p.151

B1. Вы только что прилетели в Хабаровск. Вам нужно поменять деньги. Спросите у прохожего, где находится банк.

B2. Вы хотите научиться плавать. Пойдите в бассейн и узнайте необходимую информацию (сколько времени и как часто вы будете заниматься, стоимость курсов).

B3. В прошлом месяце вы ездили в отпуск на остров Чеджудо. Вам очень понравилось. Посоветуйте друзьям поехать туда и объясните, почему.

B4. Вы обещали встретиться с другом. Но уже опоздали на встречу. Вызовите такси по телефону.

B5. Вчера вы получили письмо и посылку от своего русского друга из России. Расскажите своим родителям, что вы получили.

06 Задание 3 ①-1

✎ 오늘의 학습 목표

> ✔ Задание 3 – 유형 분석 ①

STEP 01 — **Задание 3 - 유형 분석 ①**　　　　　　　　　　텍스트 해석 p.153

💬 텍스트 독해 및 분석

Прочитайте рассказ о случае из жизни одной семьи.

> В 1995 году молодая семья из Китая ждала ребёнка. Но в то время в стране действовала политика «одна семья – один ребёнок», а у них уже была трёхлетняя дочь. Они решили родить второго малыша втайне. Для этого семья переехала в маленький домик на реке в 120 километрах от своего дома. Там на свет появилась девочка, которую назвали Цун. Три дня прожила она в семье. Больше несчастные мать и отец не могли быть вместе с малышкой, и рано утром отец пошёл с ней на рынок в соседний город. Там он оставил её на видном месте с запиской.
>
> В этой записке родители написали, когда и во сколько родилась девочка, как её назвали, а также о том, что не могут оставить её в семье из-за бедности и надеются, что она попадёт в хорошие руки, и о ней будут заботиться. Последние слова этой записки звучали так: «Если это должно случиться, то мы встретимся на мосту в городе Ханчжоу утром через 10 или 20 лет». День и место были выбраны очень символичные: в китайской культуре они связаны со встречами влюблённых.

Через год девочку взяла американская семья Полер. У них уже были свои родные дети – два сына, и они хотели третьего ребёнка. Приёмную дочку назвали Кэтрин или просто Кэти.

Когда девочку забирали из Китая, переводчица передала новым родителям записку от биологических родителей. Американцы сохранили эту записку, но решили не рассказывать девочке историю её рождения до 18 лет.

Китайская пара, как и написала в записке, через 10 лет в назначенный день и час появилась на мосту в Ханчжоу с большим плакатом с именем дочери, чтобы их можно было увидеть. Они стояли там целый день, но к ним так никто и не подошёл, и они ушли домой. А через несколько минут на мост пришла знакомая семьи Полеров, которую те попросили посмотреть, придёт ли кто-то на встречу. Но она опоздала и спросила других людей, не видели ли они кого-нибудь здесь с плакатом.

После этого китайские родители стали приходить на мост каждый год, обращая внимание на всех детей и живя надеждой на встречу с дочерью.

В 2016 году Кэти должна была ехать на учёбу в Испанию. Её родители решили, что теперь пора рассказать своей дочери обо всём. И Кэти была удивлена услышанным рассказом. Её желанием было как можно скорее увидеться с теми, кто дал ей жизнь.

В августе 2017 года Кэти приехала в Китай и в назначенный день была на мосту. Момент долгожданной встречи родителей со своим ребёнком через двадцать лет сложно описать словами. Мама не могла стоять от волнения и многолетнего ожидания, папа не мог говорить, старшая дочь плакала. Счастливая Кэти хотела всех обнять и успокоить. В этот момент плакали все, кто находился на мосту.

Полная семья прожила вместе несколько дней. Даже успели съездить на родину мамы, где Кэти познакомилась со своей бабушкой. Каждый старался рассказать о себе, но было, конечно, нелегко из-за языкового барьера, потому что Кэти совсем не знала китайский язык. Кэти не смогла сразу назвать родителей папой и мамой.

Пусть и через много лет, но трогательная история оказалась со счастливым концом – возвращение дочери домой произошло. И это большая удача для всех.

(http://fabiosa.ru)

07 Задание 3 ①-2

✏️ **오늘의 학습 목표**

☑️ 연습 문제

STEP 01 ── 연습 문제

모범 답안 **p.156**

💬 텍스트 읽고 주어진 질문들에 대한 답변 말하기

➡️ p.82~84의 텍스트를 읽고 아래 질문에 대한 답변을 말해 보세요.

B1. Кратко передайте содержание рассказа.

В2. Выразите своё отношение к героям и событиям текста.

В3. Если бы вы были героиней рассказа, то с кем бы вы жили после встречи с биологическими родителями? Почему Вы так думаете?

В4. Как вы думаете, как можно назвать этот рассказ?

학습 날짜 　/　 학습 완료

08 Задание 3 ②-1

✏️ 오늘의 학습 목표

☑️ Задание 3 – 유형 분석 ②

 텍스트 독해 및 분석

Прочитайте текст и перескажите его. Сформулируйте главную мысль текста. Выразите своё отношение к герою текста.

Новый Робинзон

Это случилось недавно. Литовский спортсмен Паулюс Нормантас решил провести отпуск на берегу Аральского моря. Он часто слышал рассказы рыбаков о том, что там очень интересная природа, красивые острова и очень много рыбы. Паулюс подготовил всё необходимое, взял лодку, подводное ружьё, фотоаппарат, запас продуктов и отправился в это трудное путешествие.

Это было весной – в конце марта, погода стояла холодная. Сначала всё было хорошо. Паулюс плыл в лодке, с интересом рассматривал берега Аральского моря, которое в это время года очень пустынно. Когда он устал, он решил подплыть к острову и немного отдохнуть. Выйдя из лодки, он вытащил её на берег, взял рюкзак и пошёл осматривать остров. Людей на острове не было. Осмотрев местность, Паулюс вернулся на берег. Но... лодки на берегу не было. Далеко в море он увидел белый парус. Паулюс понял: вода подняла лодку и унесла её в открытое море. Паулюс остался на острове один.

Сначала он очень испугался. Он не знал, когда здесь могут появиться люди и сколько времени он должен будет жить на острове один. Он осмотрел свои вещи: ружьё, нож, линза, немного хлеба, сахара, чая, муки, спички, любимая книга. Что делать? Он должен был надеяться только на свои силы.

Паулюс разжёг костёр, приготовил чай. Вода здесь была немного солоноватая, но её можно было пить. В эту ночь он не спал из-за холода. Но на следующую ночь он сделал из глины маленький домик, где можно было только сидеть и лежать.

Так началась его жизнь на острове. Ни на следующий день, ни через неделю люди на острове не появились. Продукты закончились. Несколько дней Паулюс голодал. В море было много рыбы, у Паулюса было подводное ружьё, но температура воды была около плюс восьми градусов. Сколько минут может человек проплыть в такой холодной воде, не рискуя заболеть? А болеть нельзя, болезнь – это смерть. Паулюс решил начать подготовку: каждое утро он делал упражнения, бегал вокруг острова, а потом плавал в воде, сколько хватало сил, постепенно увеличивая время.

Шёл день за днём, неделя за неделей. У Паулюса уже были свои маленькие радости: прилетели новые птицы, пришли черепахи. Были и неприятности: на острове начался пожар. Паулюс должен был покинуть остров. В уже потеплевшей воде, сделав небольшой плот, он переплыл на соседний островок. Теперь каждый день он ловил много рыбы, он её парил, запекал, сушил. Днём он был занят с утра до вечера. Вечером он читал свою единственную книгу «Морской орёл».

Закончился месяц его пребывания на острове. С каждым днём теплел воздух, но всё труднее становилось одиночество.

И вот Паулюс начал готовиться к большому заплыву. Девятого мая он отправился в путь. Плыл медленно, от острова к острову, останавливался на день-два. Наконец, он доплыл до берега.

До ближайшего посёлка – сто тридцать километров. Пошёл пешком, без пищи и воды. К счастью, на второй день встретил людей, которые довезли его до посёлка. Так закончилось это необычное путешествие, которое продолжалось пятьдесят пять дней. За это время он похудел и загорел, устал от холода, голода, одиночества. Но все эти приключения он вспоминает сейчас с улыбкой. Он не проиграл, не сдался, а значит – он настоящий человек.

(https://www.dvfu.ru/education)

학습 날짜   /   학습 완료

09 Задание 3 ②-2

 오늘의 학습 목표

　☑ 연습 문제

STEP 01 ― **연습 문제**　　　　　　　　　　　　　　　　　모범 답안 p.161

💬 텍스트 읽고 주어진 질문들에 대한 답변 말하기

➡ p.87~89의 텍스트를 읽고 아래 질문에 대한 답변을 말해 보세요.

B1. Перескажите текст. Сформулируйте главную мысль текста.

B2. Выразите своё отношение к героям текста.

B3. Как вы считаете, после этого герой текста ещё планирует отправиться в необычное путешествие или нет? Почему?

10 Задание 4 ①

✐ 오늘의 학습 목표

🎧 음원듣기

☑ Задание 4 – 유형 분석

☑ 연습 문제 ①

STEP 01 ── **Задание 4 – 유형 분석**

💬 제시된 주제에 따라 간단한 이야기 만들기

출제 빈도수가 높은 내용 및 주요 표현 살펴보기

1) 자기소개: 구체적인 자기소개 / 자신의 일상 소개 (학업, 일)

В1. Вы учитесь в российском университете. Журналист газеты «Учёба» хочет взять у вас интервью. Расскажите ему о себе, о своей семье и об учёбе в университете.

В2. Ваши родители интересуются вашей жизнью в России. Расскажите им. Вы можете рассказать о том:

– как называется город, где вы учитесь

– где вы живёте

– как вы учитесь (расписание, какие занятия)

– чем вы обычно занимаетесь в свободное время

– интересные места в этом городе, которые вы посетили или собираетесь посетить

– чем отличается жизнь в вашем родном городе от жизни в этом городе

2) 자기 자신의 관심 분야, 취미, 여가 시간 관련 정보

B1. В театре вы познакомились с молодыми людьми, которые рассказали вам, как интересно они с друзьями проводят свободное время. Расскажите о ваших интересах (увлечениях) о том, как вы проводите своё свободное время.

Вы можете рассказать о том:

– где вы работаете или учитесь

– чем вы интересуетесь

– как вы предпочитаете отдыхать (дома или куда-нибудь ходите)

– любите ли вы театр, живопись, музыку, танцы и т. д.

– как, когда и почему вы начали интересоваться чем-то

3) 장소 소개: 관광지 안내 / 자신이 살고 있는 도시, 국가 소개

B1. Вы работаете в туристической фирме. К вам пришёл клиент, который хочет получить информацию о турах. Заинтересуйте его. Подготовьте рекламу одного из туров.

Вы можете рассказать:

– об истории страны (города)

– о театрах, музеях и исторических памятниках

– об университетах, стадионах

– о ресторанах и магазинах

– о природе и климате страны (города)

– о стоимости тура, о скидках для студентов, детей и т. д.

4) 회사나 자신의 업무 소개 / 대학교 및 학업 계획

B1. Ваш друг планирует работать в вашей фирме. Он хочет узнать больше информации о своей будущей работе.

Вы можете рассказать о том:

– где (в какой фирме) вы сейчас работаете

– чем занимается ваша фирма

– чем ваш друг должен будет заниматься на работе

– с кем он будет вместе работать

– как сотрудники фирмы проводят свободное время

– как долго можно отдыхать летом (летний отпуск)

STEP 02 ─ 연습 문제 ①   모범 답안 **p.163**

Вы работаете в туристической фирме. К вам пришёл клиент, который хочет получить информацию о турах. Заинтересуйте его. Подготовьте рекламу одного из туров.

Вы можете рассказать:

– об истории страны (города)

– о театрах, музеях и исторических памятниках

– об университетах, стадионах

– о ресторанах и магазинах

– о природе и климате страны (города)

– о стоимости тура, о скидках для студентов, детей и т. д.

Ответ:

11 Задание 4 ②

 오늘의 학습 목표

✔️ 연습 문제 ②

🎧 음원듣기

STEP 01 — 연습 문제 ②

모범 답안 p.165

Ваш друг планирует работать в вашей фирме. Он хочет узнать больше информации о своей будущей работе.

Вы можете рассказать о том:

– где (в какой фирме) вы сейчас работаете

– чем занимается ваша фирма

– чем ваш друг должен будет заниматься на работе

– с кем он будет вместе работать

– как сотрудники фирмы проводят свободное время

– как долго можно отдыхать летом (летний отпуск)

Ответ:

12 Задание 4 ③

✏️ **오늘의 학습 목표**

 연습 문제 ③

🎧 음원듣기

STEP 01 ─ **연습 문제 ③**

모범 답안 p.167

Вы учитесь в российском университете. Журналист газеты «Учёба» хочет взять у вас интервью. Расскажите ему о себе, о своей семье и об учёбе в университете.

Ответ:

말하기 영역

13 Задание 4 ④

학습 날짜 / 학습 완료

🎧 음원듣기

✎ **오늘의 학습 목표**

☑ 연습 문제 ④

STEP 01 — **연습 문제 ④**

모범 답안 **p.169**

Вы вернулись домой после поездки в Россию. Ваши близкие друзья хотят узнать, с кем вы познакомились в России. Расскажите им о своих новых знакомых (друзьях).

Не забудьте, что из вашего рассказа собеседники должны узнать:

– много ли новых друзей появилось у вас в последнее время

– кто они и откуда

– какие они (характер и внешность)

– почему вы стали друзьями

– много ли времени вы проводили вместе, что вы делали

– какими могут быть в будущем ваши отношения

Ответ:

실전 모의고사

STEP 01 — 말하기 영역 – 응시 안내문

ГОВОРЕНИЕ

🎧 음원듣기

Инструкция к выполнению теста

- Время выполнения теста — 60 минут.
- Тест состоит из 4 заданий (13 позиций).
- При выполнении заданий 3 и 4 можно пользоваться словарём.

텍스트 해석 및 모범 답안 **p.171**

STEP 02 — **실전 모의고사**

Задание 1. Вам нужно принять участие в диалогах. Вы слушаете реплику собеседника и отвечаете. Если Вы не можете дать ответ, не задерживайтесь, слушайте следующую реплику. Помните, что Вы должны дать полный ответ (ответ «да», «нет» не является полным).

В1. Говорят, что ты свободно говоришь по-русски! Сколько времени ты изучал русский язык и где?

В2. Девушка, извините. Я упал на улице и сильно ударился. Вы не скажете, где здесь находится ближайшая аптека или больница?

В3. Ты не знаешь, какая завтра будет погода? Я собираюсь поехать на экскурсию за город.

В4. Привет, Саша! Почему ты такой грустный? У тебя что-то случилось?

В5. Мой компьютер сломался. Я его купил совсем недавно. Что мне делать?

Задание 2. Вам нужно принять участие в диалогах. Вы знакомитесь с ситуацией и после этого начинаете диалог. Если ситуация покажется Вам трудной, переходите к следующей ситуации. Задание выполняется без подготовки.

В1. Вы живёте в студенческом общежитии. Вы хотите переехать на другой этаж. Объясните дежурной причину своего недовольства.

В2. Вчера вы узнали, что ваша подруга устроилась на работу. Поздравьте её и расспросите о новой работе.

В3. Вы хотите пойти в музей, в котором ваш друг уже был. Узнайте у него, как работает музей, какие выставки там можно посмотреть.

В4. Вы находитесь в незнакомом городе. Вы пошли гулять и заблудились. Спросите у прохожего, как доехать до вашей гостиницы.

В5. В субботу у вас дома будет новоселье. Вы пригласили 3 близких друзей. Купите на рынке продукты для праздничного ужина. Попросите совета у продавца.

Задание 3. Прочитайте текст и ответьте на вопросы после текста (например, кратко расскажите его содержание и так далее).

СОЛИСТКА ОПЕРЫ

Мы хотим рассказать Вам об известной русской артистке — певице Ирине Архиповой.

Когда Ирине было 7 лет, она поступила в детскую музыкальную школу. Там она училась играть на пианино. Скоро преподаватели увидели, что девочка не только хорошо играет на пианино, но и прекрасно поёт. У неё был очень красивый голос. Но Ирина с удовольствием занималась не только музыкой и пением. Она очень любила рисовать. Её рисунки нравились всем, кто их видел. Особенно хорошо она рисовала портреты. Люди на её портретах были как живые.

Когда Ирина окончила школу, она решила поступить в архитектурный институт. На экзамене по специальности нужно было нарисовать портрет. За портрет, который Ирина нарисовала, она получила отметку «отлично». Так Ирина стала студенткой архитектурного института. Во время учёбы в институте Ирина не забывала музыку. Она начала петь в студенческом хоре.

Прошло пять лет. Ирина окончила институт, начала работать. Но она не могла решить, что ей больше нравится — архитектура или пение. «Может быть, главное — музыка?» — часто думала она. Она понимала, что не сможет жить без музыки, без пения. И тогда молодой архитектор Ирина Архипова поступила в консерваторию. Она решила работать и учиться одновременно. Началась трудная, но интересная жизнь. Утром, в 7 часов 30 минут, у Ирины начинались занятия в консерватории, в 9 часов она уже была на работе, а вечером — опять в консерватории.

Теперь она опять задавала себе вопрос: «Где моё место в жизни? Что я должна делать — строить или петь?» Друзья, преподаватели, родители Ирины тоже спрашивали её об этом. А она не знала, что ответить им.

Тогда мама рассказала Ирине о её дедушке. Он жил в деревне, строил дома, а в свободное время пел в хоре. Он любил музыку, русские народные песни. У него был сильный красивый голос. Когда ему было девяносто лет, он приехал в Москву. Первый раз в жизни дедушка пошёл в большой театр слушать оперу. Для него этот день стал праздником.

Но когда опера закончилась, он погрустнел. «Что с тобой?» — спросила его дочь. «Только сейчас я понял, где было моё место в жизни», — грустно ответил дедушка и показал на сцену театра.

Ирина долго думала о том, что рассказала её мама. И она решила, что её место в театре. Любовь к музыке, пению победила.

Теперь люди в нашей стране знают замечательную артистку Ирину Архипову. Её знают и в других странах: она выступала во многих театрах мира. Иногда её спрашивают: «Где вы учились?». Ирина Архипова отвечает, что училась в Московской консерватории. Ей очень хочется сказать, что она училась и в архитектурном институте. Но ведь все знают, что в архитектурном институте не изучают музыку.

«Златоуст»

B1. Кратко передайте содержание текста.

B2. Выразите своё отношение к героине и событиям текста.

Задание 4. Вы должны подготовить сообщение на предложенную вам тему. При этом Вы можете составить план сообщения, но не должны читать своё сообщение.

В театре вы познакомились с молодыми людьми, которые рассказали вам, как интересно они с друзьями проводят свободное время. Расскажите о ваших интересах (увлечениях) и о том, как вы проводите своё свободное время.

Вы можете рассказать о том:

– где вы работаете или учитесь

– чем вы интересуетесь

– как вы предпочитаете отдыхать (дома или куда-нибудь ходите)

– любите ли вы театр, живопись, музыку, танцы и т. д.

– как, когда и почему вы начали интересоваться чем-то

💬 Задание 1. 모범 답안에서 틀린 부분을 찾아 보세요.

B1. Говорят, что ты свободно говоришь по-русски! Сколько времени ты изучал русский язык и где?

🎙 Я занимался русский язык долго. Я учусь в четвёртом курсе в университете.

B2. Девушка, извините. Я упал на улице и сильно ударился. Вы не скажете, где здесь находится ближайшая аптека или больница?

🎙 Я тоже не знаю. Я первый раз здесь. Нормально?

B3. Ты не знаешь, какая завтра будет погода? Я собираюсь поехать на экскурсию за город.

🎙 Завтра идёт дождь. Куда ты пойдёшь?

B4. Привет, Саша! Почему ты такой грустный? У тебя что-то случилось?

🎙 Это я случилось что. Кто взял мой телефон. Что делать?

B5. Мой компьютер сломался. Я его купил совсем недавно. Что мне делать?

🎙 Где ты купил? А когда? Позвони в магазин!

💬 Задание 2. 모범 답안에서 틀린 부분을 찾아 보세요.

В1. Вы живёте в студенческом общежитии. Вы хотите переехать на другой этаж. Объясните дежурной причину своего недовольства.

🎙 Здравствуйте! Я хочу поменять этаж. Здесь очень шумно. Можно жить на пятом этаже?

В2. Вчера вы узнали, что ваша подруга устроилась на работу. Поздравьте её и расспросите о новой работе.

🎙 Привет, Соня! Где ты работаешь? Что ты делаешь там? Поздравляю!

В3. Вы хотите пойти в музей, в котором ваш друг уже был. Узнайте у него, как работает музей, какие выставки там можно посмотреть.

🎙 Дима, добрый день! Ты был в новом музее? Как там? Интересно? Что посмотрел?

В4. Вы находитесь в незнакомом городе. Вы пошли гулять и заблудились. Спросите у прохожего, как доехать до вашей гостиницы.

🎙 Извините! Помогите! Где здесь? Я хочу пойти в мою гостиницу. Что делать?

В5. В субботу у вас дома будет новоселье. Вы пригласили 3 близких друзей. Купите на рынке продукты для праздничного ужина. Попросите совета у продавца.

🎙 Будьте любезны, дайте, пожалуйста! Можно мясо и рыбу? Сколько стоит? У вас есть картофель?

토르플
1단계
쓰기 영역
말하기 영역

정답 및 해설
Ответы и Пояснения

쓰기 영역 02

Задание 1. Прочитайте текст об этикете русского письма и изложите письменно правила написания различных писем по следующим вопросам:

1) Каким должно быть письмо по структуре?

2) Как нужно оформить письмо?

3) Как используются открытки?

4) Когда нужно отвечать на письма?

5) Как принято читать письма?

문제 1. 러시아 스타일의 편지 예절에 관한 텍스트를 읽고, 다음 문제에 따라 다양한 편지 형식 규칙을 서술하시오.

1) 편지는 어떻게 구성되어야 하는가?

2) 편지는 어떤 형식에 맞춰 써야 하는가?

3) 엽서는 어떻게 사용하는가?

4) 편지 답장은 언제 해야 하는가?

5) 어떻게 편지를 읽는 것이 좋은가?

💬 텍스트 분석

> Структура письма обычно стандартна. Оно начинается с обращения, приветствия. Затем идёт ряд вопросов о жизни, семье, работе, здоровье человека, которому пишут письмо, благодарность за полученные письма. На все вопросы из этих писем нужно обязательно ответить. После даётся дополнительная информация автора письма о себе, приветы родным и знакомым и, наконец, прощание. Подпись нужна обязательно и она должна быть разборчивой. В частных письмах к родным и друзьям обычно после таких слов, как «целую», «обнимаю», пишется кратко: «мама», «папа», «отец» или имя. В зависимости от цели письма (человек хочет узнать о другом человеке или хочет рассказать о себе) информация увеличивается в соответствующих частях письма. Дата обычно ставится в начале письма, но может стоять и в конце письма, с левой стороны страницы.
>
> Внешний вид и форма письма могут быть разными, но любое письмо должно быть чистым и аккуратным. Когда-то письма писали только от руки. Сегодня все письма могут посылаться в напечатанном виде, но подписываться в них нужно только ручкой. Письма с поздравлениями, благодарностью, с выражением соболезнования всегда пишутся от руки, но конечно, ручкой, а не карандашом. Плохо смотрятся письма на листах из тетради. Если письмо написано на нескольких отдельных листах, на них нужно поставить номер. В тексте письма все обращения на Вы пишутся с большой буквы: «Получил Ваше письмо».

На цветных открытках посылают приветы из путешествия, отпуска, а также поздравления с днём рождения, с праздниками. На открытке пишется то число, когда мы её отправляем, а не та дата, к которой она высылается. Необходимо позаботиться о красивой марке, она украшает такую открытку. Простые открытки обычно используются для кратких деловых сообщений.

Как правило, на полученное письмо этикет требует ответить в течение недели. В случае, если вы переписываетесь постоянно, этот перерыв может быть большим.

И вообще не нужно писать своим близким и знакомым слишком часто! Люди способны отвечать на письма в среднем не чаще, чем раз в две недели. Однако есть некоторые правила сроков ответа на особые письма. Письмо с благодарностью за гостеприимство высылается примерно через неделю после отъезда. Письмо с поздравлением по случаю свадьбы высылается в течение восьми дней с момента получения сообщения об этом событии. Письмо с соболезнованиями высылается в течение десяти дней с момента получения сообщения. Такое письмо требует особой сердечности.

Если вы получаете письмо в присутствии другого человека, конверт можно открыть и быстро просмотреть текст, а внимательно прочитать его потом. Если полученное сообщение очень срочное и важное, вам надо сказать: «Простите, но это очень срочно», – и дочитать письмо до конца. Некрасиво давать читать письмо людям, которым оно не адресовано. Никогда нельзя читать чужие письма!

Это правило относится и к членам семьи: муж не читает писем, адресованных жене, и наоборот, дети не читают писем, посылаемых родителям. Нельзя также интересоваться содержанием открытой записки, которую писали не вам. Если всё же вы случайно прочитали часть текста, адресованного другому, лучше всего сразу же об этом забыть.

Этикет русского письма имеет свои традиции, теперь и вы познакомились с ними. Пишите и получайте письма, и пусть они принесут вам радостные известия!

(По Я. Камычеку)

편지 형식은 보통 정형화되어 있다. 누군가의 호칭이나 인사말로 시작된다. 그 다음에는 편지를 받는 사람의 일상생활, 가족, 일, 건강 등에 관한 질문과 받은 편지에 대한 감사 인사로 이어진다. 이전에 받은 편지에 적혀 있던 질문에 대해 반드시 대답해 줘야 한다. 그 후 편지를 쓰는 사람에 관한 추가적인 정보를 쓰고, 친척이나 지인들의 안부를 묻고 답하고 마지막에는 작별 인사를 하게 된다. 그리고 반드시 사인을 해야 하는데 사인은 깔끔한 형태가 좋다. 친척이나 친구들에게 쓰는 편지에는 보통 '정말 사랑합니다', '포옹을 전한다'라는 표현 뒤에 간단히 '엄마', '아빠', '아버지' 또는 이름을 적는다. 편지의 목적에 따라 편지의 길이와 양은 더 늘

어나게 된다. (발신자가 다른 사람에 대해 묻거나 자신에 대해 이야기하기를 원할 때) 날짜는 보통 편지의 앞쪽에 쓰는데, 마지막에 쓸 수도 있으며, 페이지의 왼쪽 편에 적는다.

편지의 겉모습이나 형태는 다양할 수 있으나 어떤 편지든지 깔끔해야 한다. 예전에는 손으로만 편지를 썼었다. 오늘날 모든 편지는 타이핑으로 작성되지만 사인은 반드시 펜으로 해야 한다. 축하, 감사, 애도의 목적을 갖고 있는 편지는 항상 손으로 작성되는데, 물론 연필이 아닌 펜으로도 쓴다. 공책을 찢어 편지를 쓰는 것은 보기에 좋지 않다. 만약 편지가 여러 장이라면 각각의 페이지에 번호를 써야 한다. 편지 본문에 상대방에게 존칭을 쓸 때는 'Вы' 처럼 대문자로 쓴다. 예를 들어, '당신의 편지를 받았다'와 같은 문장이 있다.

여행이나 휴가지에서 보내거나 기념일이나 축제 등 누군가를 축하할 때는 화려한 컬러 엽서를 보낸다. 엽서에는 실제로 발송되는 날짜가 아닌 보내는 날짜를 적는다. 또한 엽서를 꾸며 주기 위해 반드시 예쁜 우표를 붙여야 한다. 간단한 사무용 목적으로는 일반적인 엽서를 쓰게 된다.

보통 편지를 받고 나서 1주일 안에 답장을 해 주는 것이 예의다. 꾸준히 편지를 주고받는 사이라면 답장을 하는 시기가 좀 더 늦춰질 수도 있다.

친한 친구나 지인들에게는 지나치게 자주 편지를 쓸 필요는 없다. 사람들은 평균적으로 2주일에 한 번 꼴로 답장을 하게 된다. 하지만 특수한 편지 형태는 답장해야 하는 기간이 규칙처럼 정해져 있기도 하다. 누군가에게 받은 환대에 대한 감사 편지는 대략 1주일 후에 보내는 것이 좋다. 결혼 축하 편지는 결혼 소식을 듣고 난 후 8일 안에 보내는 것이 좋다. 애도나 유감을 표하는 편지는 소식을 알고 난 후 10일 안에 발송하는 것이 예의다. 특히 이러한 편지에는 진심을 담아야 한다.

만약에 당신이 다른 사람과 함께 있을 때 편지를 받는다면, 봉투를 열고 빠르게 편지를 훑어보기만 하고, 나중에 주의 깊게 봐야 한다. 만약 받은 편지 내용이 굉장히 시급하고 중요한 일이라면 당신은 "죄송합니다만, 편지 내용이 너무 긴급한 일입니다"라고 말한 후에 끝까지 읽어야 한다. 편지의 주인공이 아닌 사람한테 편지를 줘서는 안 된다. 또한 절대로 다른 사람의 편지를 읽어서는 안 된다.

이러한 룰은 가족 구성원 내에서도 지켜진다. 남편은 아내의 편지를 읽지 않고, 또한 아이들은 부모님의 편지를 읽지 않는다. 그리고 설사 편지 봉투가 열려 있다 해도 다른 사람의 편지 내용이나 메모에도 관심을 가져서는 안 된다. 만약 당신이 우연히 다른 사람의 편지를 보게 되었다면, 편지 내용을 빨리 잊어버리는 것이 좋다.

이제 당신은 전통적인 러시아 편지 예절을 알게 되었다. 편지를 직접 쓰고 답장을 받아 봐라. 편지를 통해 기쁨을 느낄 수 있다!

쓰기 영역 03

☑ 모범 답안

1) Каким должно быть письмо по структуре?

[답안1] В тексте говорится о том, что письмо по структуре должно быть стандартным.

[답안2] Согласно содержанию текста, письмо по структуре должно быть стандартным.

1) 편지는 어떻게 구성되어야 하는가?

[답안1] 본문에는 편지 형식이 보통 정형화되어 있다고 말하고 있다.

[답안2] 본문의 내용에 따르면 편지 형식이 보통 정형화되어 있다고 한다.

2) Как нужно оформить письмо?

[답안]

В начале текста рассказывается, как нужно оформить письмо.

Обычно сначала пишется обращение и приветствие. Потом задаются вопросы о жизни, работе и здоровье получателей. Если автор уже получал письмо от них, то нужно выразить благодарность за него. Затем автор пишет о себе, своей жизни и целях письма. В конце письма пишется прощание и подпись.

Бывают случаи, когда автор пишет письма родным и близким друзьям, тогда вместо подписи будет так: «мама», «папа», «отец» или имя.

2) 편지는 어떤 형식에 맞춰 써야 하는가?

[답안]

본문 도입부에 편지를 어떤 형식에 맞춰 써야 하는지 나와 있다.

일반적으로 먼저 누군가의 호칭이나 인사말로 시작된다. 그 다음에는 수신자의 일상생활, 일, 건강 등에 관한 질문을 한다. 만약에 이미 수신자로부터 편지를 받은 적이 있다면, 그에 대한 감사 인사를 해야 한다. 그 후 편지를 쓰는 사람의 일상이나 편지의 목적을 쓰면 된다. 마지막에는 작별 인사와 사인을 한다.

친척이나 가까운 친구들에게 쓰는 편지에는 사인 대신에 간단히 '엄마', '아빠', '아버지' 또는 이름을 적는다.

3) Как используются открытки?

[답안]

Текст рассказывает о том, что цветные открытки используются для приветствия из путешествия или поздравления с праздниками.

Чтобы украсить открытки, вам обязательно нужны и красивые марки. А простые открытки обычно отправляются людям в деловых отношениях.

3) 엽서는 어떻게 사용하는가?

 답안

본문에는 여행지에서 보내거나 기념일을 축하할 때는 화려한 컬러 엽서를 보낸다고 적혀 있다.

또한 엽서를 꾸며 주기 위해 반드시 예쁜 우표를 붙여야 한다. 간단한 사무용 목적으로는 일반적인 엽서를 쓰게 된다.

4) Когда нужно отвечать на письма?

답안

Согласно содержанию текста, принято (необходимо, требуется) ответить на полученное письмо в течение недели. В частности, не нужно посылать письма своим близким и знакомым слишком часто. Но автор текста считает, что есть некоторые правила сроков ответа на особые письма: письма с благодарностью, с поздравлением или с соболезнованиями.

4) 편지 답장은 언제 해야 하는가?

답안

본문의 내용에 따르면, 보통 편지를 받고 나서 1주일 안에 답장을 하는 것이 좋다. 특히, 친한 친구나 지인들에게 지나치게 자주 편지를 쓸 필요는 없다. 저자는 감사, 축하 편지나 애도, 유감을 표하는 편지 등 특수한 편지 형태는 답장해야 하는 기간이 규칙처럼 정해져 있다고 생각한다.

5) Как принято читать письма?

답안

По мнению автора, не рекомендуется внимательно читать письма, если вы находитесь рядом с другими людьми. И конечно, нельзя давать или получать чужие письма. Это может обидеть получателя письма. А если вы случайно открыли или прочитали письма других людей, вам надо сразу о них забыть.

5) 어떻게 편지를 읽는 것이 좋은가?

 답안

저자의 의견에 따르면, 만약에 당신이 다른 사람과 함께 있을 때 편지를 받는다면, 주의 깊게 편지를 읽지 않는 것이 권장되고 있다. 물론 절대로 다른 사람의 편지를 주고 받아서는 안 된다. 이는 편지 주인의 기분을 상하게 만들 수도 있다. 만약 당신이 우연히 다른 사람의 편지를 보게 되었다면, 편지 내용을 빨리 잊어버려야 한다.

Задание 2. Вас интересуют проблемы мегаполиса. Прочитайте текст и изложите письменно свою точку зрения по следующим вопросам:

1) Современный город, какой он?

2) Проблемы пробок и транспорта.

3) Экологические проблемы.

4) Демографические проблемы.

5) Экономические проблемы.

6) Проблемы благоустройства города.

문제 2. 당신은 대도시 문제점에 관심이 있습니다. 텍스트를 읽고, 다음 문제에 따라 자신의 의견을 서술하시오.

1) 현대 도시는 어떤 도시인가?

2) 교통 문제

3) 환경 문제

4) 인구 문제

5) 경제 문제

6) 치안 문제

💬 텍스트 분석

ПРОБЛЕМЫ СОВРЕМЕННОГО ГОРОДА

Общество развивается. А это значит, что увеличивается количество городов, многие деревни становятся городами. Внешний вид городов тоже постоянно меняется, они становятся более комфортными, удобными, потому что человек всегда мечтал и будет мечтать о лучшем. Кроме этого, мегаполисы являются центрами политической и культурной жизни, показывают характер общества. Хотя мы привыкли считать, что в большом городе всё должно быть идеально и нет проблем, но они есть. И вот основные из них.

Самой главной городской проблемой жители назвали пробки и дороги. Дороги, по их мнению, некачественные. А система городского транспорта работает ужасно. Люди тратят по нескольку часов в день, чтобы ездить на работу и обратно, даже если используют метро. Кроме того, в метро всегда огромное количество людей, что приводит к дискомфорту.

К сожалению, развитие мегаполисов и рост их численности приводит к экологическим проблемам. Из-за увеличения количества городов, заводов в них экологическая ситуация становится хуже. А чем хуже состояние окружающей среды, тем хуже здоровье людей.

В процессе жизнедеятельности появляются отходы. И это также одна из основных проблем города. Это может быть любой мусор как промышленный, так и бытовой (бумага, строительный мусор, ткань, стекло и т. д.). Отходы, свалки занимают огромные территории. К сожалению, отходы в России почти не используются повторно. Многие заводы не хотят тратить деньги на устройства очистки, поэтому вредные вещества попадают в воздух, воду, землю.

Многим жителям не нравится, что на улицах города грязно, даже в центре. Никто не убирает мусор, или убирает редко, мало мусорных контейнеров.

На здоровье людей также влияет городской образ жизни. Врачи говорят, что в мегаполисах люди больше нервничают, устают от транспорта, шума, огромного количества людей. Эти факторы влияют на плохую демографическую ситуацию.

Также выделяют экономические проблемы. В больших городах есть такая тенденция. Чем город больше, богаче, тем больше заводы должны тратить денег на оплату, например, электричества, аренды и т. д. – того, что помогает в работе. Поэтому если бизнесмен не может всё это оплатить или ему становится это невыгодно, он закрывает свой бизнес в большом городе и переезжает в город меньше. Это приводит к тому, что многие люди остаются без работы. Кроме этого, жители больших городов жалуются на высокие цены квартир, домов, цены на товары и услуги растут очень быстро, никто это не контролирует.

Многим жителям больших городов не нравится то, что города неуютные и безжизненные. Им не хватает зелени, света, комфорта. Многие парки, площади пустые, там ничего нет. Следовательно, туда не хочется идти.

На улицах жители не чувствуют себя безопасно, потому что мало света, во дворах домов машины ездят на высокой скорости. Раньше на улицах было много полицейских, они следили за порядком. А сейчас много хулиганов, они делают на улицах что хотят. Люди чувствуют себя незащищёнными.

Что же мы можем сделать, чтобы город стал лучше? Нужно начать с себя: использовать мусорные контейнеры на улице, каждый из нас может посадить дерево, сделать территорию около дома зелёной, создавать проекты по модернизации города, его структуры. Сейчас много фирм, которые готовы помочь это организовать.

(http://www.unn.ru/books)

현대 도시의 문제점

사회는 발전하고 있다. 즉, 다시 말해 도시의 개수는 늘어나고, 많은 시골이 도시로 바뀌어 가고 있다는 것이다. 도시의 모습도 계속 변하고, 점점 더 편안하고 안락한 형태로 변화한다. 왜냐하면 사람들은 항상 더 좋은 것을 꿈꾸고 있고, 앞으로도 꿈꿀 예정이기 때문이다. 또한 대도시는 정치 및 문화 중심지로서, 한 사회의 성격을 여실히 보여 준다. 비록 대도시에는 모든 것이 이상적이고 문제가 없을 것이라고 생각하는 것에 우리는 익숙해졌지만, 사실 문제점은 있다. 그중 주요 문제를 살펴보겠다.

시민들은 교통 체증과 도로 상황을 가장 중요한 도시 문제로 꼽는다. 사람들은 교통 및 도로 상황이 형편없다고 말한다. 도시 교통 시스템도 제대로 돌아가지 않는다. 직장에 출퇴근을 하기 위해, 하루의 몇 시간을 버리게 된다. 심지어 지하철을 타서도 마찬가지다. 지하철에는 항상 사람이 많고, 이로 인해 사람들은 불편함을 느낀다.

유감스럽게도, 대도시가 발전하고 인구가 늘어남에 따라 환경 문제도 대두된다. 도시 개수의 증가, 도시 내 공장 증대로 인해 환경 상태는 점점 더 나빠지고 있다. 자연 환경이 나빠질수록 사람들의 건강도 나빠진다.

사람들의 일상 생활에서는 쓰레기가 발생한다. 이 또한 대도시의 큰 문제 중 하나다. 여기서 쓰레기는 산업 쓰레기뿐만 아니라 (종이, 건설 자재, 천, 유리 등) 생활 쓰레기도 모두 속한다. 쓰레기 처리장은 넓은 땅을 차지한다. 아쉽게도 러시아에서 쓰레기는 거의 재활용되지 않는다. 많은 공장들은 쓰레기 정화 시설 설치에 돈을 쓰고 싶어 하지 않기 때문에 유해 물질을 공기, 물, 땅에 그대로 버린다.

많은 사람들은 도심 내 길거리가 더럽다고 싫어한다. 누구도 쓰레기를 잘 치우지 않고, 쓰레기통도 아주 적다.

도시 생활 방식 또한 사람들의 건강에 안 좋은 영향을 끼친다. 의사들이 말하기를 대도시에 사는 사람들은 훨씬 신경질적이고 교통, 소음, 많은 사람들로 인해 지쳐 있다고 한다. 이러한 모든 요인들이 인구학적인 상황을 악화시킨다.

이 외에도 경제적인 문제점도 발생된다. 대도시에서는 다음과 같은 상황이 벌어진다. 도시의 규모가 커지고 물가가 오를수록, 공장은 더 많은 비용을 지불해야 한다. 예를 들어, 공장 유지비와 같은 전기, 임대료 등이다. 그렇기 때문에 만약 누군가 이러한 모든 비용을 지불할 수 없거나 손해를 본다면 대도시에서 공장 문을 닫고, 더 작은 도시로 이동한다. 이 결과 많은 사람들이 일자리를 잃게 된다. 또한 대도시에 사는 사람들은 비싼 집값, 빠르게 오르는 물가에 불만을 호소하고 그 누구도 이 문제를 해결하지 못하고 있다.

그리고 많은 사람들은 도시의 생활이 편안하지 않고 활기차지 않아서 싫어한다. 그들에게는 자연, 빛, 안락함이 부족하다. 많은 공원과 광장은 비어 있고, 아무것도 없다. 사람들은 당연히 그런 곳에 가고 싶어 하지 않는다.

길거리에 불빛이 적기 때문에, 사람들이 거리가 위험하다고 생각하며 집 근처에는 자동차들이 빠른 속도로 달린다. 예전에는 거리에 경찰들이 많았고, 경찰들이 많은 부분에 있어 상황 정리를 해 주었다. 이제는 불량배, 건달 등이 많고, 그들이 하고 싶은 대로 마음대로 행동한다. 사람들은 보호받고 있지 못한다고 생각한다.

그렇다면 도시를 더욱 좋게 만들려면 우리는 무엇을 해야 할까? 자기 스스로부터 시작해야 한다. 길거리에서 쓰레기통에 쓰레기를 버리고, 모두가 나무를 심고, 자신의 집 주변에 자연을 더 깨끗하게 하며 도시 현대화 사업을 만들어야 한다. 요즘은 이러한 일들을 기꺼이 도와주는 회사들이 많다.

✅ 모범 답안

---

1) Современный город, какой он?

답안 1

В тексте говорится о том, что увеличивается количество городов, и их внешний вид меняется в лучшую сторону. Современный город становится комфортным и удобным. А также можно сказать, что большой город является политическим и культурным центром.

답안 2

В начале текста рассказывается о том, что увеличивается количество городов, и их внешний вид меняется в лучшую сторону. Современный город становится комфортным и удобным. А также можно сказать, что большой город является политическим и культурным центром.

---

1) 현대 도시는 어떤 도시인가?

답안 1

본문에는 도시의 개수가 늘어나고, 도시의 외관과 형태도 점점 더 좋은 쪽으로 바뀐다고 서술되고 있다. 현대 도시는 편안하고 안락한 모습이다. 또한 대도시는 정치 및 문화 중심지라고 말할 수 있다.

답안 2

본문의 도입부에는 도시의 개수는 늘어나고, 도시의 외관과 형태도 점점 더 좋은 쪽으로 바뀐다고 언급되고 있다. 현대 도시는 편안하고 안락한 모습이다. 또한 대도시는 정치 및 문화 중심지라고 말할 수 있다.

---

2) Проблемы пробок и транспорта.

답안

Согласно содержанию текста, многие люди думают, что пробки и дороги являются одной из самых главных городских проблем. Прежде всего на дорогах очень много машин. Когда люди ездят на работу, они должны тратить много времени на дорогу. Кроме этого, жителям не нравится система городского транспорта.

---

2) 교통 문제

답안

본문의 내용에 따르면, 많은 사람들은 교통 체증과 도로 상황을 가장 중요한 도시 문제로 꼽는다. 무엇보다도 도로에 차가 너무 많다. 직장에 출퇴근할 때, 사람들은 도로에서 많은 시간을 버려야 한다. 이 외에도, 그들은 도시 교통 시스템에 불만이 있다.

3) Экологические проблемы.

    По мнению автора, увеличение количества городов и их развитие плохо влияет на экологическую ситуацию. Состояние окружающей среды становится хуже, особенно в больших городах. Помимо этого, одной из основных экологических проблем города считаются отходы. Они появляются и на заводы, и в обычных домах. К сожалению, сейчас в России заводы не хотят платить за устройства очистки, поэтому вредные вещества попадают в воздух, воду, землю.

3) 환경 문제

    저자의 의견에 따르면, 대도시가 늘어나고 발전함에 따라 환경 문제가 악화된다고 한다. 전반적으로 자연 환경이 나빠지는데, 특히 대도시는 더 심하다. 이 외에도 도시의 주요 환경 문제 중 하나가 쓰레기로 꼽힌다. 쓰레기는 공장뿐만 아니라 일반 가정에서도 발생한다. 아쉽게도 현재 러시아에서는 공장들이 쓰레기 정화 시설 설치에 돈을 쓰고 싶어하지 않기 때문에 유해 물질을 공기, 물, 땅에 그대로 버린다.

4) Демографические проблемы.

    Развитие мегаполисов и городской образ жизни приводят к ухудшению состояния здоровья жителей городов. По мнению врачей, люди в городах более нервные, чем в деревнях. Также устают от транспорта, шума, огромного количества людей.

4) 인구 문제

    대도시의 발전과 도시 생활 방식 자체가 사람들의 건강에 안 좋은 영향을 끼친다. 의사들의 의견에 따르면, 대도시에 사는 사람들이 농촌에 사는 사람들보다 훨씬 신경질적이라고 한다. 또한 도시인들은 교통, 소음, 많은 사람들로 인하여 지쳐 있다.

5) Экономические проблемы.

    С точки зрения автора, в больших городах появляются и экономические проблемы. Если город большой, то заводам требуется больше денег на содержание. Следовательно, они закрывают свой бизнес, и люди, которые работали там, теряют свою работу. Из-за высоких цен на дома и товары жителям города очень тяжело жить.

5) 경제 문제

저자의 생각에 따르면, 대도시에는 경제적인 문제점도 발생하고 있다. 도시의 규모가 커지면, 공장은 유지되기 위하여 더 많은 비용을 지불해야 한다. 따라서 공장 문을 닫기도 하고, 이곳에서 일하던 사람들이 일자리를 잃기도 한다. 또한 비싼 집값, 빠르게 오르는 물가로 인해 사람들은 살기 힘들어한다.

6) Проблемы благоустройства города.

Многие люди жалуются на то, что город неуютный и безжизненный. Они хотят больше деревьев, света и парков. Кроме этого, сейчас на улицах много хулиганов и мало света, поэтому жители чувствуют себя незащищёнными. Даже некоторые люди боятся выходить на улицы, поскольку это очень опасно.

6) 치안 문제

많은 사람들은 도시의 생활이 편안하지 않고, 활기차지 않는 것에 불만을 가지고 있다. 그들은 더 많은 나무와 불빛, 공원을 원한다. 또한 지금은 거리에 불량배나 건달이 많고 어둡기 때문에, 사람들은 스스로를 보호받고 있지 못한다고 느낀다. 심지어 몇몇 사람들은 너무 위험하다며 길거리에 나가는 것 자체를 두려워한다.

쓰기 영역 06

Задание 3. Вас интересуют проблемы экологии, охраны природы и памятников культуры. Прочитайте текст и изложите письменно точку зрения автора по данным вопросам:

1) Что такое экология?

2) Чем занимается экология сейчас?

3) Чем она должна заниматься в будущем?

4) Какие два раздела должны быть в экологии будущего?

5) В чём состоит разница между экологией природы и экологией культуры?

6) Кто и почему должен сохранять и защищать культуру?

문제 3. 당신은 환경 문제, 자연 보호, 문화 유적 보존 등에 관심이 있습니다. 텍스트를 읽고, 다음 문제에 따라 저자의 의견을 서술하세요.

1) 생태계학이란 무엇인가?

2) 현재 생태계는 무엇을 뜻하는가?

3) 미래에는 생태계가 어떤 형태가 되어야 하는가?

4) 앞으로 생태계를 어떻게 구분해야 하는가?

5) 자연 생태계와 문화 생태계는 어떤 차이가 있는가?

6) 누가, 왜 문화를 보호하고 보존해야 하는가?

💬 텍스트 분석

ПАМЯТЬ КУЛЬТУРЫ

Сегодня многие учёные и общественные деятели делают всё возможное, чтобы спасти от загрязнения воздух, моря, реки, леса. Они хотят сохранить животный мир нашей планеты, спасти птиц. Человечество тратит огромные деньги, чтобы сохранить природу. Наука, которая занимается охраной природы, называется экологией. И экологию уже сейчас преподают в университетах.

Но экология должна заниматься не только задачами сохранения природы. Ведь человек живёт не только в природной среде, но и в среде, которая создана культурой. Если природа необходима человеку для его биологической жизни, то культурная среда необходима для его духовной жизни. Поэтому сохранение культурной среды — задача не менее важная, чем сохранение природы. Однако вопрос об экологии культуры, к сожалению, пока не изучается. Изучаются различные виды культуры, изучается культура прошлого, но не изучается значение культурной среды для человека. Человек воспитывается в окружающей его культурной среде незаметно для себя. Его воспитывает история, прошлое. Прошлое открывает ему окно в мир, и не только окно, но и двери. Жить там, где жили поэты и писатели великой русской литературы, великие критики и философы, ходить в музеи, на выставки — значит постепенно становится духовно богаче.

Улицы, площади, отдельные дома говорят нам о тех, кто здесь бывал раньше. И человек с открытой душой входит в прошлое. Он учится уважению к тем, кто жил раньше. Он помнит о том, что нужно будет сохранить культуру прошлого для будущего тех, кто будет жить после него. Он начинает учиться ответственности перед людьми прошлого и одновременно перед людьми будущего. Забота о прошлом — это одновременно и забота о будущем.

Любить свою семью, своё детство, свой дом, свою школу, свой город, свою страну, свою культуру и язык, весь земной шар необходимо для духовного здоровья человека.

Итак, в экологии есть два раздела: экология биологическая, природная, и экология культурная, духовная. Незнание и неуважение природной экологии может убить человека биологически, а незнание и неуважение культурной экологии убивает человека духовно.

Есть большое различие между экологией природы и экологией культуры. Можно очистить загрязнённые реки и восстановить леса. Природа сама помогает человеку, потому что она «живая». У неё есть способность к восстановлению. Но памятники культуры восстановить нельзя, потому что они всегда индивидуальны, всегда связаны с определённым временем, с определёнными художниками, архитекторами. Каждый памятник разрушается навсегда, навечно. И он совершенно беззащитен, он не восстановит самого себя.

Культура беззащитна. И её должен защищать каждый из нас. Мы не должны надеяться, что сохранением культуры прошлого занимаются специальные государственные и общественные организации. Мы сами должны хранить и защищать всю красоту, которую создали люди для нас и наших детей. Такова наша задача, наш долг перед прошлым и будущим.

(http://puskinhn.edu.vn/ds)

문화 보존

오늘날 많은 학자들과 사회 활동가들은 오염된 대기, 바다, 강, 숲을 구하기 위해 최선을 다하고 있다. 그들은 우리 지구의 동물 세계를 보존하고 조류를 위험한 상태에서 구하기를 원한다. 인류는 자연을 보호하기 위해 많은 돈을 쓰고 있다. 자연 보호에 관한 연구를 하는 학문을 '생태계학' 이라고 부른다. 이미 이 학문을 대학교에서도 가르치고 있다.

하지만 생태계학은 단지 자연만을 보호하는 과제만 연구하고 있는 것이 아니다. 인간은 자연 환경뿐만 아니라 문화가 만든 환경 속에서 살고 있다. 만약 자연이 인간의 생물학적인 생활 측면에서 반드시 필요하다면, 문화 환경은 정신적인 생활 측면에서 필수적이라고 말할 수 있다. 그래서 문화 환경을 보호하는 것은 자연을 보호하는 것만큼이나 중요한 과제. 하지만 안타깝게도 문화를 보호하는 문제는 아직까지 연구되지 않고 있다. 문화의 다양한 형태나 과거의 문화에 대해서는 연구되고 있으나, 인간에게 있어 문화 환경의 의미에 관해서는 연구되지 않고 있다. 인간은 스스로 인지하지 못한 채 주변에 조성된 문화 환경 속에서 성장한다. 과거와 역사가 인간을 키운다. 과거는 인간에게 세계로 나아가는 창문뿐만 아니라 문을 열어 준다. 위대한 시인과 문학가들, 비평가들, 철학자들이 살았던 곳에서 사는 것과 박물관이나 박람회를 다니는 것 자체가 인간이 점차 정신적으로 부유하게 된다는 것을 의미한다.

거리들, 광장들, 각각의 집들은 우리에게 예전에 이곳에서 누가 살았는지를 알려 준다. 또한 사람은 열린 마음으로 과거로 간다. 우리는 과거에 살았던 사람을 존경하는 것을 배운다. 또한 후세를 위해 과거의 문화를 보존해야 할 것이라는 것을 기억한다. 과거 시대 사람들에게 주어진 책임감과 동시에 미래 시대에 사는 사람들에게 주어진 책임감을 배우기 시작한다. 과거를 돌아보는 것은 동시에 미래를 돌보는 것이다.

인간의 정신적인 건강을 위해 자신의 가족, 어린 시절, 집, 학교, 도시, 나라, 문화와 언어, 지구 전 세계를 사랑하는 것이 필요하다.

이렇듯 결국 생태계학은 자연적인 환경과 문화적인 환경 등 두 가지로 나뉜다. 자연 환경에 대한 무지와 멸시는 생물학적으로 사람을 죽일 수도 있고, 문화 환경에 대한 무지와 무시는 정신적으로 사람을 죽일 수 있다.

자연 생태학과 문화 생태학 사이에는 큰 차이가 있다. 오염된 강을 정화하거나 숲을 재생시킬 수는 있다. 자연은 '살아 있기' 때문에 스스로 사람을 도와준다. 자연에게는 재생할 수 있는 능력이 있다. 그러나 문화 유산을 복원시키는 것은 불가능하다. 왜냐하면 문화 유산은 항상 개별적이고, 정해진 시기, 정해진 화가, 건축가들과 관련이 있기 때문이다. 각각의 문화 유산들은 영구적으로 파괴되며 전혀 보호받지 못하고 스스로 복구되지 않는다.

문화는 보호받지 못하고 있다. 그래서 우리 모두는 문화를 보호해야 한다. 우리는 과거의 문화를 보호하는 것을 특수한 국가 및 사회 단체가 하기를 바라서는 안 된다. 사람들이 직접 만들어 낸 모든 문화의 아름다움을 우리 스스로 지켜내고 보호해야 한다. 이것이 바로 우리의 과제이고 과거와 미래 시대에 주어진 우리의 의무다.

쓰기 영역 07

모범 답안

1) Что такое экология?

답안

　Экология − это важная наука, которой занимаются, в основном, учёные и общественные организации. В сегодняшнее время люди хорошо знают, что они должны сохранить природу и свою планету. Поэтому многие стараются защищать окружающую среду и тратят большие деньги на это.

1) 생태계학이란 무엇인가?

답안

　생태계학이란 주로 학자들과 사회 단체들이 다루고 있는 중요한 학문 분야이다. 오늘날 사람들은 자연과 지구를 보호해야 한다는 것을 잘 알고 있다. 그래서 많은 이들은 자연 환경을 보호하기 위해 노력하고 있으며 많은 돈을 쓰고 있다.

2) Чем занимается экология сейчас?

답안

　По мнению автора, сейчас экология занимается охраной природы, которая необходима человеку для его биологической жизни. Следовательно здесь имеется в виду именно биологическая экология.

2) 현재 생태계는 무엇을 뜻하는가?

답안

　저자의 의견에 따르면 현재 생태계란 인간의 생물학적인 삶에 있어서 인간에게 반드시 필요한 자연을 보호하는 것을 의미한다. 따라서 여기서는 바로 생물학적인 생태계를 뜻하고 있다.

3) Чем она должна заниматься в будущем?

답안

В тексте рассказывается о том, что сейчас и в будущем экология должна заниматься задачами сохранения культурной среды. Культура необходима для духовной жизни человека. Прежде всего, очень важно сохранить свою историю и прошлое. Поскольку без них нет настоящего и, тем более, не будет будущего для человека.

3) 미래에는 생태계가 어떤 형태가 되야 하는가?

답안

본문에서 현재와 미래에는 생태계학에서 문화 환경을 보호하는 주제를 다뤄야 한다고 언급되고 있다. 문화는 인간의 정신적인 생활에서 필수적인 요소다. 무엇보다도 역사와 과거를 보존하는 것이 매우 중요하다. 인간에게 있어 과거와 역사가 없다면 현재뿐만 아니라 미래도 없기 때문이다.

4) Какие два раздела должны быть в экологии будущего?

답안

Согласно содержанию текста, экология должна разделиться на две составляющие: экология биологическая, природная, и экология культурная, духовная. Чтобы обеспечить и биологическую, и духовную жизнь, мы должны изучать обе экологии.

4) 앞으로 생태계를 어떻게 구분해야 하는가?

답안

텍스트의 내용에 따르면, 생태계학은 자연적인 환경과 문화적인 환경 두 가지로 나뉜다. 생물학적인 삶과 정신적인 삶 모두를 보호하기 위해서 우리는 두 학문 분야를 모두 연구해야 한다.

5) В чём состоит разница между экологией природы и экологией культуры?

답안

Что касается экологии природы, можно спасти от загрязнения реки и леса. К счастью, мы можем восстановить окружающую среду. Однако у культурной среды нет такой способности к восстановлению. Если памятник культуры разрушается, то уже невозможно вернуть его в прежнее состояние. Вот именно в этом заключается большая разница между экологией природы и экологией культуры.

5) 자연 생태계와 문화 생태계는 어떤 차이가 있는가?

답안

자연 생태계에 관해 말한다면, 오염된 강과 숲은 정화할 수 있다. 다행히도 우리는 자연 환경을 재생시킬 수 있다. 그러나 문화 환경은 재생하는 것이 불가능하다. 만약에 문화 유산이 파괴된다면, 이미 이전 상태로 되돌릴 수 없다는 것을 의미한다. 바로 이러한 점이 자연 생태계와 문화 생태계의 가장 큰 차이점이다.

6) Кто и почему должен сохранять и защищать культуру?

   В конце текста автор подчеркнул, что сохранять и защищать культуру должны мы сами. Этим должны заниматься не только соответствующие организации и общественные деятели. Именно каждому из нас надо заботиться о культурной среде, в которой мы живём и воспитываемся. Главное, что культура не может защитить и восстановить саму себя. Для духовного здоровья человека и его будущего нам обязательно нужно сохранить культурную экологию.

6) 누가, 왜 문화를 보호하고 보존해야 하는가?

답안

   본문의 마지막 부분에서 저자는 우리 스스로 문화를 보존하고 보호해야 한다고 강조했다. 이러한 일은 단지 관련 단체 및 사회 활동가들만이 하는 것이 아니다. 바로 우리들 개개인 모두가 우리가 현재 살고 있고 자라나는 문화 환경을 잘 보호해야 한다. 중요한 점은 문화는 스스로를 보호하거나 복구시킬 수 없다는 것이다. 인간의 정신적인 건강과 미래를 위해서 우리는 문화 생태계를 반드시 보존해야 한다.

쓰기 영역 08

Задание 1. Напишите записку.

Вы не сможете встретиться с Вашей подругой или другом, как договаривались ранее. Напишите сообщение ему/ей о том, что Вы задерживаетесь на 10–15 минут. Попросите подождать Вас на месте, о котором Вы уже договорились.

В Вашей записке должно быть не менее 5 предложений.

문제 1. 메모를 쓰세요.

당신은 이전에 약속한 대로 당신의 친구와 만날 수가 없습니다. 약 10–15분 정도 늦을 것이라고 친구에게 편지를 쓰세요. 사전에 약속한 그 장소에서 당신을 기다려 달라고 부탁하세요.

당신의 메모에는 5개 이상의 문장이 있어야 합니다.

✅ 모범 답안

Иван!

Помнишь, что завтра мы идём в кино в 15.00?

К сожалению, я не смогу прийти вовремя. Мой профессор предложил мне поговорить о моей научной диссертации после занятий. Прошу подождать меня около входа в кинотеатр.

Думаю, что я опоздаю минут на 10–15. Заранее извини.

Пока! До завтра!

Ми Ён

이반!

내일 우리 오후 3시에 영화관 가기로 한 거 기억하니?

아쉽게도 나는 제 시간에 도착하지 못할 것 같아. 교수님께서 내게 수업 후에 나의 논문에 관해 이야기를 나누자고 하셨어. 영화관 입구에서 나를 기다려 줘.

아마도 10–15분 정도 늦을 것 같아. 미리 미안하다는 말 전할게.

안녕! 내일 보자!

미연

문제 2. 메모를 쓰세요.

현재 당신은 직장에 있습니다. 당신 바로 옆에 앉는 동료가 좀 일찍 점심을 먹으러 갔습니다. 당신은 그의 전화를 대신 받았습니다. 전화를 통해 미팅 날짜 변경과 동료와 통화를 원한다는 내용을 전해 달라고 당신에게 부탁했습니다. 이에 대한 메모를 쓰세요.

당신의 메모에는 5개 이상의 문장이 있어야 합니다.

☑ **모범 답안**

Виктор!

Тебе звонил Алексей Михайлов, главный инженер компании «МИР». Просил передать, что они извиняются и встреча, которую планировали на понедельник, переносится на четверг, так как их директор вернётся из командировки только в среду вечером. Время встречи остаётся прежним. Он очень ждёт твоего звонка, позвони ему сегодня! Я спешу на переговоры.

Всего доброго!

Катя

- -

빅토르!

'미르' 선임 엔지니어인 알렉세이 미하일로브 씨가 너에게 전화했어. 월요일로 예정되어 있는 미팅이 목요일로 변경될 것이고, 이에 대해 미안하다는 말을 전해 달라고 부탁했어. 그들의 상사가 출장에서 수요일 저녁은 되야 돌아온다고 하네. 미팅 시간은 이전과 동일하다고 해. 너의 전화를 기다리고 있으니 오늘 꼭 전화해 봐! 나는 그럼 회의가 있어서 갈게.

안녕!

까쨔

Задание 3. Напишите записку.

Ваша подруга пригласила Вас к себе в гости на новогоднюю вечеринку. Но Вы не сможете прийти туда. Напишите записку об этой ситуации и её причине.

В Вашей записке должно быть не менее 5 предложений.

문제 3. 메모를 쓰세요.

당신의 친구가 당신을 새해 파티에 초대했습니다. 그러나 당신은 그곳에 갈 수 없습니다. 이 상황과 파티에 가지 못하는 이유에 대해 메모를 쓰세요.

당신의 메모에는 5개 이상의 문장이 있어야 합니다.

✅ **모범 답안**

Света!

Я слышала, что в субботу ты устраиваешь новогоднюю вечеринку у себя дома. Конечно, я очень хотела пойти на неё. Но так получилось, что в этот день ко мне приедут мои родители, которые живут в Германии. Я очень извиняюсь. Обещаю обязательно прийти к тебе в следующий раз. С Новым годом!

Пока!

Маша

스베따!

나는 네가 토요일에 집에서 새해 파티를 한다고 들었어. 물론, 나도 매우 가고 싶었지만, 그날 독일에 사시는 부모님이 오실 예정이라 참석하지 못할 것 같아. 정말 미안해. 다음 번에 꼭 놀러 갈게. 새해 복 많이 받아!

안녕!

마샤

Задание 1. Вы хотите уволиться с работы. Напишите заявление на имя генерального директора фирмы.

문제 1. 당신은 퇴사를 희망합니다. 회사 대표에게 퇴직 희망 신청서를 쓰세요.

☑ **모범 답안**

Генеральному директору «Корунивер»

Михайлову А. Д.

(от) старшего менеджера по продажам

Зубова Виктора Ивановича

Заявление

Прошу уволить меня по собственному желанию с занимаемой должности 10 марта 2017 года.

26 февраля 2017 г.   (подпись)

- -

'코루니베르' 대표

미하일로브 А. Д. 귀하

판매팀 선임 매니저

주보브 빅토르 이바노비치 드림

신청서

본인은 일신상의 이유로 2017년 3월 10일자로 사직하고자 하오니 허가해 주시기 바랍니다.

2017년 2월 26일   (서명)

Задание 2. Ваша бабушка сильно заболела. Вам надо срочно поехать к бабушке и ухаживать за ней. Напишите заявление с просьбой о предоставлении отпуска.

문제 2. 당신의 할머니께서 많이 편찮으십니다. 당신은 할머니를 돌봐 드려야 해서 당장 할머니께 가야 합니다. 휴가 신청서를 쓰세요.

☑️ 모범 답안

> Директору «Сервис»
>
> Петрову М. Т.
>
> (от) кассира
>
> Луаровой Ларисы Максимовны
>
> Заявление
>
> Прошу Вас предоставить мне отпуск 4 августа 2018 года в связи с необходимостью ухода за бабушкой.
>
> 30 июля 2018 г.   (подпись)
>
> ---
>
> '세르비스' 대표
>
> 페트로브 M. T. 귀하
>
> 계산원
>
> 루아로바 라리사 막시모브나 드림
>
> 신청서
>
> 본인은 할머니를 간병하기 위하여 2018년 8월 4일 휴가를 신청하고자 하오니 허가해 주시기 바랍니다.
>
> 2018년 7월 30일   (서명)

Задание 3. Вас пригласили на Олимпиаду, которая пройдёт в Корее. Для участия в ней Вам придётся пропустить занятия. Напишите заявление на имя декана математического факультета Вашего университета.

문제 3. 당신은 한국에서 열리는 올림피아드에 참가하게 되었습니다. 올림피아드 참석을 위해서는 수업에 결석을 해야만 합니다. 당신의 수학과 학과장님께 이에 대한 신청서를 쓰세요.

☑️ 모범 답안

Декану математического факультета НГУ
Светлову А. Б.

студента 4 курса
Захорова Алексея Сергеевича

Заявление

Прошу освободить меня от занятий в период с 27 сентября по 1 октября 2018 года для возможности принять участие в Олимпиаде в Корее.

16 сентября 2018 г.   (подпись)

노보시비르스크 국립 대학교 수학과 학과장
스베트로브 А. Б. 귀하

4학년생
자호로브 알렉세이 세르게이비치 드림

신청서

본인은 한국에서 열리는 올림피아드 참가를 위하여 2018년 9월 27일부터 10일 1일까지 수업에 결석을 요청하오니 허가해 주시기 바랍니다.

2018년 9월 16일   (서명)

쓰기 영역 10

Задание 1. Вы работаете в туристической фирме. Письмо вам прислал один клиент, чтобы получить информацию о турах в России.

Напишите ему письмо, в котором ответьте на следующие вопросы:

– о природе России;

– об экскурсионной программе;

– о стоимости тура;

– о проживании и питании;

В Вашем письме должно быть не менее 20 предложений.

문제 1. 당신은 여행사에서 근무하고 있습니다. 러시아 여행에 관한 정보를 얻기 원하는 한 고객으로부터 편지를 받았습니다.

다음 질문에 대한 답변을 넣어 고객에게 편지를 쓰세요:

– 러시아의 날씨

– 투어 프로그램

– 여행 상품 가격

– 숙식 정보

당신의 편지에는 20개 이상의 문장이 있어야 합니다.

Уважаемый Антон Николаевич!

Добрый день! Вчера я получил Ваше письмо и узнал, что вы хотите получить информацию о турах в России. Я подробно напишу Вам об этом.

Прежде всего, я очень рад, что Вы планируете путешествовать по России. Я уверен, что это отличная идея. Когда Вы собираетесь поехать в Россию? Я советую приехать в Россию летом, особенно в мае или июне. Говорят, что лето в России — это идеальное время года для отдыха и путешествий. Природа очень красивая: много садов и парков, в которых растут красивые деревья и цветы. Вы сможете полюбоваться чудесной русской природой. Кроме этого, летом в России тёплая и солнечная погода, и не так жарко. Кстати, Вы когда-нибудь слышали о белых ночах в Санкт-Петербурге? Если Вы приедете туда в июне, то увидите, как всю ночь на улицах светло, как днём. Это очень интересно!

Теперь я расскажу Вам о нашей интересной экскурсионной программе. Это экскурсия по Золотому кольцу. Если Вы интересуетесь русской историей, эта экскурсия вам понравится. Золотое кольцо — это старинные города, которые находятся вокруг Москвы. В них сохранились уникальные памятники истории и культуры России.

Мы готовы предоставить Вам услуги по комфортному транспорту, проживанию в новой уютной гостинице, и хорошему трёхразовому питанию. В частности, у Вас будет возможность познакомиться с русской кухней. Вам будут предложены вкусные блюда, приготовленные лучшими шеф-поварами.

Думаю, что для клиентов самое важное — цена на туры. Вообще они стоят 600 долларов. Но мы предоставляем специальные скидки тому, кто закажет наши туры в определённое время. А также есть дополнительные скидки для студентов и детей.

Итак, Вас ждёт замечательная поездка, которую Вы запомните навсегда. Вы не пожалеете! Очень советую Вам поехать в Россию, чтобы восхищаться её красотой. Искренне желаю Вам приятного отдыха. Если у Вас будут вопросы про наши туры, пишите или звоните мне в любое время, пожалуйста!

С уважением,

Сотрудник турагентства «Поехали!»

Сергей Владимирович

존경하는 안톤 니콜라예비치 씨!

안녕하세요! 어제 저는 고객님의 편지를 받았고, 고객님께서 러시아 여행에 관한 정보를 원하신다는 사실을 알았습니다. 이 편지에서 고객님께 자세하게 알려 드리겠습니다.

먼저 저는 고객님께서 러시아로 여행을 계획하고 계신다는 점이 매우 기쁩니다. 분명 아주 좋은 생각이라고 확신합니다. 언제 러시아로 가실 계획이신가요? 저는 여름에, 특히 5월이나 6월에 가실 것을 추천 드립니다. 러시아의 여름은 휴식과 여행을 위한 아주 최고의 계절이라고 말합니다. 자연 경관이 매우 아름다우며 예쁜 꽃과 나무가 있는 정원과 공원이 많이 있습니다. 고객님은 환상적인 러시아 자연에 푹 빠지실 겁니다. 또한 러시아 여름은 따뜻하고 화창하며, 그리 덥지 않습니다. 혹시 상트페테르부르크의 백야에 대해 들어본 적 있으신가요? 만약 고객님께서 이 도시로 6월에 가신다면, 밤에 도시 전체 거리가 낮처럼 환한 모습을 볼 수 있습니다. 정말 신기하지요!

이제는 고객님께 우리의 투어 프로그램에 대해 이야기해 드리겠습니다. 현지 투어는 황금의 고리를 여행하게 됩니다. 고객님이 러시아 역사에 관심이 있다면, 이 투어 프로그램을 매우 마음에 들어 하실 겁니다. 황금의 고리란 모스크바 근처에 위치한 고대 도시들을 뜻합니다. 이 도시들에는 러시아의 독특한 역사 및 문화 유적지가 보존되어 있습니다.

저희는 고객님께 편안한 교통, 안락한 신식 호텔에서의 숙박 및 최고의 3끼 식사를 제공할 것입니다. 특히, 고객님은 러시아 음식도 맛보실 수 있습니다. 최고의 쉐프들이 만든 맛있는 음식들이 제공될 것입니다.

사실 고객님들께 가장 중요한 것은 여행 상품 가격이라고 생각합니다. 이 여행 상품 가격은 600 달러입니다. 하지만 특정 기간에 예약하는 분들께는 특별 할인이 제공됩니다. 또한 학생과 유아를 위한 추가 할인 제도도 있습니다.

고객님께서 평생 기억하실 만한 환상적인 여행이 고객님을 기다리고 있습니다. 절대 후회하지 않으실 겁니다! 러시아의 아름다움을 만끽하기 위하여 꼭 러시아로 여행 가 보실 것을 고객님께 강력하게 추천 드리고 싶습니다. 편안한 휴식이 되시길 바랍니다. 혹시 여행 상품에 관한 문의사항이 있으시다면, 언제든 제게 전화나 편지 주세요!

존경을 표하며,
여행사 '빠예할리' 직원
세르게이 블라디미로비치 드림

Задание 2. Вы хотели бы продолжить изучение русского языка на курсах в Москве. Напишите письмо в центр образования и отправьте его по электронной почте.

В письме:

а) задайте интересующие Вас вопросы

– о продолжительности курса

– о количестве студентов в группах

– об условиях проживания

– о преподавателях

– о стоимости

– об экскурсионной программе

– о возможности сдавать ТРКИ

б) сообщите о себе необходимую информацию

– как Вас зовут

– откуда Вы

– где и сколько времени Вы изучали русский язык

– на сколько времени Вы собираетесь поехать в Россию

– ваши интересы и пожелания

– ваши планы на будущее, если они связаны с русским языком

В Вашем письме должно быть не менее 20 предложений.

문제 2. 당신은 모스크바에서 러시아어를 공부하기를 원합니다. 어학 교육 센터에 이메일을 써서 보내세요.

편지에는 다음의 내용을 적으세요:

а) 당신이 궁금해 하는 사항들

– 교육 기간

– 그룹 내 학생 수

– 숙박 정보

– 선생님 정보

– 교육비

– 투어 프로그램

– 토르플 시험 응시 가능 여부

6) 당신에 관한 개인 정보

– 당신의 이름

– 당신의 출신지

– 당신은 어디에서, 얼마나 러시아어를 공부했는가

– 당신은 얼마간의 예정으로 러시아에 가려고 하는가

– 당신의 관심사 또는 희망사항

– 향후 당신의 계획, 그리고 그것들이 러시아어와 연관이 있는지

당신의 편지에는 20개 이상의 문장이 있어야 합니다.

☑ 모범 답안

Директору центра образования!

Здравствуйте! Меня зовут Со Ён. Я собираюсь поехать в Москву, чтобы изучать русский язык, поэтому я пишу Вам это письмо. Я хочу задать некоторые вопросы о ваших курсах русского языка.

Прежде всего, я хотела бы рассказать Вам о себе. Я кореянка. Мне 22 года. Я учусь в университете иностранных языков на филологическом факультете. Моя специальность – русский язык и русская культура. Уже 3 года я занимаюсь русским языком. До сих пор я получала хорошие оценки на экзаменах. Но недавно я поняла, что теперь мне стало сложнее понимать и говорить по-русски. Поэтому я решила учиться в России. Мои друзья, которые уже учились в Вашем центре, посоветовали мне поехать к Вам. Пока я точно не знаю, но, может быть, я буду учиться в Москве год.

Кстати, меня очень интересует русская история. Если возможно, я хочу послушать лекции по ней. А также я обязательно поеду на экскурсию по Золотому кольцу, в котором можно увидеть русские исторические и культурные памятники.

У меня есть большие планы на будущее. После окончания университета я хочу поступить учиться в магистратуру устного и письменного перевода. В будущем я стану лучшей переводчицей.

А теперь разрешите мне задать Вам вопросы про Ваши курсы:

Сколько времени они обычно продолжаются? Я сама могу выбрать длительность? Сколько студентов учатся в одной группе? Я хочу заниматься в маленькой группе – не больше 5 человек. Сколько преподавателей обучают студентов? Сколько стоят разные курсы? В эти цены входит оплата за проживание? Где я буду жить? В общежитии или в квартире?

Как я уже написала, мне очень интересно познакомиться с русской историей. Есть ли у Вас экскурсионные программы, связанные с историей, и какие? Кроме этого, я планирую сдать экзамен ТРКИ в России. Можно это сделать в Вашем центре или в других образовательных учреждениях?

Я с нетерпением жду Вашего ответа. Заранее благодарю Вас. Всего доброго!

С уважением,

Ли Со Ён

어학 교육 센터장님께!

안녕하세요! 제 이름은 소연입니다. 저는 러시아어를 공부하기 위해 모스크바에 가려고 이 편지를 씁니다. 러시아어 어학 연수 코스에 관한 몇 가지 질문을 드리겠습니다.

먼저 제 소개를 간단히 해 드리겠습니다. 저는 한국인이고 22살입니다. 저는 외국어대학교 어문학부에 재학 중입니다. 제 전공은 러시아어와 러시아 문화입니다. 이미 3년 동안 러시아어를 공부하고 있습니다. 지금까지 저는 시험에서 좋은 성적을 받았습니다. 하지만 얼마 전부터 러시아어를 이해하고 말하는 것이 더 어려워지는 것을 느끼게 되었습니다. 그래서 저는 러시아에 가서 공부하기로 결정했습니다. 이미 당신의 교육 센터에서 공부했던 제 친구들이 그곳에 가라고 추천을 해 주었습니다. 아직 정확하지는 않지만, 저는 모스크바에서 1년 동안 공부할 예정입니다.

저는 러시아 역사에 관심이 있습니다. 가능하다면 저는 역사에 관한 강의를 듣고 싶습니다. 또한 저는 러시아 역사 및 문화 유적지를 볼 수 있는 황금의 고리로 반드시 견학을 갈 것입니다.

저에게는 미래를 위한 계획이 있습니다. 대학교를 졸업하면 저는 통번역 대학원에 입학하고 싶습니다. 훌륭한 통번역사가 될 것입니다.

이제는 제가 어학 코스에 관한 질문을 드리겠습니다.

수업은 얼마 동안 진행되나요? 제가 기간을 선택할 수 있나요? 한 그룹에 몇 명의 학생이 공부하나요? 저는 5명 이하의 그룹에서 공부하고 싶습니다. 몇 명의 선생님께서 가르치시나요? 수업 비용은 어떻게 되나요? 이 금액에는 숙박비도 포함되나요? 저는 어디서 살게 되나요? 기숙사인가요, 아파트인가요?

제가 이미 적은 바와 같이, 저는 러시아 역사에 많은 관심이 있습니다. 혹시 역사 관련 투어 프로그램이 있나요? 있다면 어떤 것인가요? 그리고 저는 러시아에서 토르플 자격증을 취득할 계획이 있습니다. 당신의 교육 센터에서 시험을 칠 수 있나요? 아니면 다른 교육 기관에서 응시해야 하나요?

센터장님의 답장을 기다리고 있겠습니다. 감사합니다. 안녕히 계세요!

존경을 표하며,

이소연 드림

쓰기 영역 12

Задание 3. В России Вы познакомились с новыми друзьями. Они интересуются Вашей страной. Напишите им письмо о своей стране (своём городе).

Не забудьте, что из Вашего письма друзья должны узнать:

– о местонахождении страны и её климате

– краткую историю страны

– о современной политике, экономике, культуре страны

– о том, что интересного можно посмотреть в стране, какие исторические и культурные центры Вы видели

– о том, в какое время года лучше поехать в страну и почему

В Вашем письме должно быть не менее 20 предложений.

문제 3. 당신은 러시아에서 새로운 친구들을 사귀게 되었습니다. 그들은 당신의 나라에 관심을 갖고 있습니다. 친구들에게 당신의 나라(당신의 도시)에 관한 편지를 쓰세요.

편지에 다음의 내용을 빠뜨리지 마세요:

– 지리적 위치와 기후

– 간단한 역사

– 현대적인 정치, 경제, 문화 상황

– 그곳에서 무엇을 보는 것이 재미있는가, 당신은 어떤 역사 및 문화 관광지를 보았는가

– 어느 계절에 가는 것이 가장 좋은가, 그 이유는 무엇인가

당신의 편지에는 20개 이상의 문장이 있어야 합니다.

☑ 모범 답안

Дорогие Виктор и Аня!

Добрый день! Как у вас дела? У меня всё в порядке. Во время нашей встречи вы рассказали мне о России. Мне было очень интересно, а теперь я расскажу вам о своей стране – Корее, которой вы интересуетесь.

Вы знаете, где находится моя страна? Она располагается на Корейском полуострове в Северо-Восточной Азии. Корея имеет умеренный климат с четырьмя различными сезонами. Лето жаркое и влажное, а зима достаточно холодная. Осень и весна – лучшее время для посещения Кореи, так как погода тёплая, и ярко светит солнце.

Что касается истории Кореи, считается, что первое Корейское королевство «КоЧосон» было основано 5000 лет назад королём Тангуном. Естественно, в корейской истории было много разных событий: и приятных, и грустных. За последние полвека Корея достигла высокого уровня экономического развития. В настоящий момент она является одной из развитых стран мира.

Конечно, я думаю, что вы уже слышали о городе Сеул. Это столица Кореи, политический, экономический и культурный центр страны. В этом городе находится парламент и резиденция президента, который является главой государства. А ещё в Корее есть много музеев, театров, парков и стадионов. Корейцы любят ходить в кинотеатры, на спектакли, оперу и т. д.

Кроме Сеула, многие иностранцы посещают другие красивые города: Пусан, Кёнджу, Тэджон, Чечжу. Среди них мне очень нравится город Кёнджу, в котором можно увидеть исторические и культурные памятники. Там сохраняется и корейская традиционная деревня. А ещё я люблю остров Чечжудо – уникальное и замечательное место для отдыха. Этот остров известен мягким климатом, красивым ландшафтом и пляжами.

Я хочу, чтобы вы увидели своими глазами красоту нашей страны. Когда у вас будет свободное время, я обязательно приглашу вас к себе в гости. Как я уже написала, лучше приезжать в Корею осенью и весной.

Я надеюсь, что вас заинтересовал мой рассказ о моей стране. Я жду от вас ответа.

Пока! Скоро увидимся!

ваша Мин Джи

소중한 나의 빅토르, 아냐!

안녕! 잘 지내니? 나는 잘 지내고 있어. 우리가 만났을 때 나에게 러시아에 관해 이야기를 해 줬지. 나는 정말 흥미로웠어. 이번에는 내가 너희가 궁금해하는 나의 고향 한국에 관해 이야기해 줄게.

한국이 어디에 위치해 있는지 너희는 알고 있니? 한국은 동북아시아 한반도에 위치해 있어. 한국의 기후는 사계절이 뚜렷한 온대성 기후야. 여름에는 덥고 습하며, 겨울에는 꽤 추워. 가을과 봄은 따뜻하고 해가 화창하게 비치기 때문에, 한국을 방문하기 가장 좋은 계절이야.

한국의 역사에 관해 말해 보자면, 최초의 국가 형태인 '고조선'은 5000년 전에 단군 왕으로 인해 만들어졌어. 당연히 그동안의 한국 역사에는 좋은 일, 나쁜 일 등 다양한 사건들이 매우 많았어. 지난 반세기 만에 한국은 높은 경제 발전 수준에 도달했어. 현재는 세계 선진국 중 하나로 꼽히고 있어.

나는 아마도 너희가 서울이라는 도시에 관해서 이미 들어 봤을 것이라고 생각해. 서울은 한국의 수도이자 정치, 경제, 문화 중심지야. 서울에는 국회와 국가 수장인 대통령 관저가 있어. 또한 한국에는 박물관, 극장, 공원, 경기장이 많이 있어. 한국인들은 영화관에 가거나 공연, 오페라 등을 보는 것을 좋아해.

서울 이외에도 많은 외국인들이 부산, 경주, 대전, 제주도와 같이 다른 아름다운 도시들을 방문하고 있어. 이 중에서 나는 역사, 문화 유적지를 볼 수 있는 경주라는 도시가 매우 좋아. 그곳에는 한국 전통 마을이 보존되어 있어. 그리고 최고의 휴식처이자 아주 훌륭한 장소인 제주도도 나는 좋아해. 이 섬은 따뜻한 날씨와 환상적인 자연 환경과 해변으로 유명해.

나는 너희가 우리나라의 아름다움을 직접 보고 느끼기를 바라. 너희에게 시간이 생긴다면, 꼭 나는 너희를 한국으로 초대할게. 이미 내가 적은 것처럼, 봄이나 가을에 한국에 오는 것이 가장 좋아.

한국에 관한 나의 이야기가 너희에게 재미있었기를 바라. 답장 기다릴게.

안녕! 곧 보자!

민지가

쓰기 영역 13

Задание 4. Недавно Вы приехали во Владивосток, чтобы изучать русский язык. Напишите письмо Вашим родителям, расскажите в нём о своей жизни и учёбе в России.

В Вашем письме должно быть не менее 20 предложений.

문제 4. 당신은 러시아어를 공부하기 위해 얼마 전에 블라디보스토크에 왔습니다. 당신의 부모님께 편지를 써서 러시아에서의 생활과 학업에 관해 이야기하세요.

당신의 편지에는 20개 이상의 문장이 있어야 합니다.

Дорогие мои родители!

Здравствуйте! Как у вас дела? Как здоровье? У меня всё отлично. Думаю, что вы очень беспокоитесь обо мне. Не переживайте, пожалуйста! Я быстро привыкаю к России. Теперь я расскажу вам о своей жизни и учёбе здесь.

Три недели назад у меня начались занятия по русскому языку. Благодаря тому, что я получила хорошие оценки на тесте на определение уровня русского языка, я вошла в группу среднего уровня. Она небольшая, только 4 человека. Они приехали из разных стран: из Швейцарии, Америки и Англии. Так как они достаточно хорошо говорят по-русски, я тоже интенсивно занимаюсь русским языком.

А также в моём университете учатся очень мало корейцев, поэтому я всегда говорю на русском языке и практикуюсь с его носителями. Думаю, это очень полезно для меня. Занятия по русскому языку у меня проходят каждый день по 5 часов. Иногда слушаю лекции по литературе и истории России. Кстати, мне очень нравится моя преподавательница, которая очень опытная и добрая.

Наверное, вы хотите узнать, где и с кем я живу. В моём университете есть несколько общежитий. Я живу в самом новом из них. Моя соседка норвежка. Её уровень владения русским языком высокий, поэтому она часто помогает мне делать упражнения. Она общительная, и мне очень интересно с ней разговаривать по-русски на разные темы.

Хотя я приехала сюда только месяц назад, я уже познакомилась со многими русскими друзьями, которые учатся на кафедре корейского языка. Мы учим друг друга и русскому, и корейскому языкам. В выходные мы ходим на выставки, спектакли и гуляем по улицам. Кроме этого, мои друзья пригласили меня к себе домой и там я попробовала разные русские блюда.

Мои любимые папа и мама! Во Владивосток уже пришла зима. Представляете, здесь идёт снег каждый день. Действительно, весь город белый.

А как сейчас в Корее? Не холодно? Надеюсь, что у вас ничего не болит и всё в порядке. Очень скучаю по вам. Передайте, пожалуйста, от меня большой привет нашим родным и близким друзьям! Я постараюсь писать вам письма, как можно чаще.

С нетерпением жду вашего ответа.

Целую вас!

ваша дочь Ин Сук

사랑하는 부모님께!

안녕하세요! 부모님 잘 지내시죠? 건강은 어떠세요? 저는 아주 잘 지내요. 아마도 제 걱정을 많이 하시고 계실 것 같아요. 걱정하지 마세요! 저는 러시아에 빨리 적응하고 있어요. 이제 제가 러시아에서의 생활과 학업에 대해 이야기해 드릴게요.

3주 전에 러시아어 수업이 시작되었어요. 제가 레벨 테스트에서 좋은 성적을 받은 덕분에 저는 중급반에 들어갔어요. 제가 공부하고 있는 그룹은 소그룹이고, 4명의 학생들이 있어요. 그들은 스위스, 미국, 영국 등 모두 다른 나라에서 왔어요. 이미 그 친구들이 러시아어로 말을 잘 하기 때문에, 저도 아주 열심히 러시아어를 공부하고 있어요.

또한 저희 대학교에는 한국인들이 적기 때문에, 저는 항상 러시아어로 말을 하고 원어민들과 말하기 연습을 하고 있어요. 저에게 매우 많은 도움이 될 것이라고 생각해요. 러시아어 수업은 매일 5시간씩 있어요. 가끔 러시아 문학, 역사 강연도 들어요. 저는 저희 선생님이 너무 좋아요. 선생님은 친절하시고 경험도 많으신 분이에요.

아마도 부모님께서는 제가 어디서, 누구와 함께 살고 있는지 궁금하실 것 같아요. 저희 대학교에는 기숙사가 몇 개 있어요. 저는 그 중에서 가장 최근에 생긴 기숙사에 살고 있어요. 제 룸메이트는 노르웨이인이에요. 그 친구는 러시아어를 매우 잘하기 때문에 제가 숙제를 할 때 많이 도와주곤 해요. 룸메이트는 사교성이 있어서, 저는 그녀와 다양한 주제로 러시아어로 이야기하는 것이 매우 재미있어요.

제가 이곳에 온지 겨우 한 달 밖에 되지 않았지만, 저는 이미 한국어과에 다니는 러시아 친구들을 많이 사귀었어요. 우리는 서로 러시아어와 한국어를 가르쳐 줘요. 휴일에 친구들과 함께 전시회, 공연을 보러 다니고, 거리 산책도 해요. 그리고 그들이 저를 집으로 초대해 주었고, 저는 다양한 러시아 음식도 먹어 봤어요.

사랑하는 아빠 엄마! 블라디보스토크는 이미 겨울이에요. 여기는 매일 눈이 옵니다. 상상이 되시나요? 그야말로 전체 도시가 하얗답니다.

지금 한국은 어때요? 춥지는 않은가요? 저는 부모님이 아픈 곳도 없고 잘 지내고 계시기를 바라요. 너무 보고 싶습니다. 제 친구들과 친척들에게 안부 꼭 전해 주세요! 최대한 자주 편지 드리도록 할게요.

답장 기다릴게요.

정말 사랑합니다!

딸 인숙 드림

Задание 5. Вы учились в России два года. Недавно Вы вернулись на родину. Напишите письмо русским друзьям или преподавательницам и поздравьте их с Рождеством (Новым годом, днём рождения).

– Напишите поздравление.

– Расскажите, как отмечают праздники на Вашей родине.

В Вашем письме должно быть не менее 20 предложений.

문제 5. 당신은 러시아에서 2년 동안 공부했습니다. 최근에 고향으로 돌아왔습니다. 러시아 친구들과 선생님들께 편지를 쓰고 크리스마스 인사(새해 인사, 생일 축하)를 하세요.

– 축하 인사를 쓰세요.

– 당신의 고향에서는 어떻게 기념일을 보내는지 이야기하세요.

당신의 편지에는 20개 이상의 문장이 있어야 합니다.

☑ 모범 답안

(앞 내용 생략)

Я хочу поздравить тебя (Вас) с Новым годом (Рождеством). Желаю тебе (Вам) здоровья, счастья, радости, успехов во всём.

(…)

Скоро будет Новый год (Рождество). В это время обычно люди не учатся, не работают, и едут на родину встретиться со своей семьёй. Все родственники собираются вместе и отмечают (празднуют, встречают) этот праздник.

Люди готовят вкусные праздничные блюда, сидят за столом и веселятся. Они рассказывают друг другу, как они провели время и что у них случилось за этот год. Конечно, дарят друг другу приятные подарки.

(뒷 내용 생략)

(앞 내용 생략)

새해 복 많이 받아! (메리 크리스마스!) 건강과 행복, 기쁨이 있기를 그리고 모든 일이 잘 되기를 바랄게.

(…)

곧 새해 (크리스마스)가 다가와. 보통 이 시기에 사람들은 공부하지 않고, 일하지도 않아. 그리고 자신의 가족들을 만나러 고향에 가고, 모든 친척들이 모여 함께 기념일을 축하해.

사람들은 맛있는 축제 음식을 준비하고, 모두 다같이 앉아 즐거운 시간을 보내. 일 년 동안 어떻게 지냈는지, 무슨 일이 있었는지 서로 서로 이야기해 줘. 물론 선물을 주고 받기도 해.

(뒷 내용 생략)

쓰기 영역 실전 모의고사

Задание 1. Вас интересует проблема «Женщины в современном обществе». Прочитайте текст и письменно изложите все мнения, которые были высказаны по этой проблеме. Напишите, с чем Вы согласны или не согласны и почему. Ваше изложение должно быть достаточно полным, логичным и связным.

문제 1. 당신은 '현대 사회에서의 여성'이라는 문제에 관심이 있습니다. 본문을 읽고 이 문제에 대해서 서술된 모든 견해를 쓰세요. 동의하는 것과 동의하지 않는 것들을 적고 그 이유도 적으세요. 논리적으로 서로 연관성 있게 글을 써야 합니다.

💬 텍스트 분석

Современные женщины, как правило, работают. Многие любят работу и гордятся своими успехами. Но не слишком ли много работают сегодня женщины? Ведь после работы их ещё ждут домашние дела, которые требуют много сил и времени.

Может быть, женщине лучше не работать, а заниматься домом и воспитанием детей? С этим вопросом газета «Московские новости» обратилась к своим читателям. Вот наиболее интересные ответы.

Георгий Гречко, лётчик-космонавт: «Моя мать работала главным инженером завода. Помню, как на следующий день после того, как она ушла на пенсию, она мне сказала: "Первый раз я спала спокойно". До этого она каждую ночь беспокоилась, не случилось ли что-нибудь на заводе, но если бы кто-нибудь предложил моей матери не работать, а только заниматься домашним хозяйством, она бы не согласилась – она любила свой завод, свою работу. Конечно, жизнь женщины трудна, часто очень трудна, и всё-таки никто не может лишить её права заниматься любимым делом. Я считаю, что государство должно помнить: женщина нуждается в заботе и помощи».

Шократ Тадыров, работающий в Академии наук в Туркмении: «Я хочу поговорить о воспитании детей. Ответственность мужчин в этом вопросе не может равняться с ответственностью женщин. Воспитание детей должно быть главной задачей женщины. И, конечно, забота о доме и о муже. Ведь муж зарабатывает деньги на содержание своей семьи и, естественно, нуждается во внимании жены. Работающие женщины – вот главная причина того, что во многих странах теперь рождается так мало детей. Кроме того, работающая женщина становится материально самостоятельной, поэтому родители часто расходятся, и дети растут без отца».

Эльвира Новикова, депутат Государственной Думы: «У женщины должен быть выбор: где, сколько и как работать и работать ли вообще. Пусть свою судьбу выбирают сами женщины в зависимости от того, что для них главное–дом, работа или и то, и другое вместе. Не нужно искать один вариант счастья для всех, ведь у каждой женщины свои представления о счастье. И государство должно принимать свои решения, заботясь о работающих женщинах и их детях».

Алексей Петрович Николаев, пенсионер: «Время очень изменило женщин. Или, лучше сказать, женщина сама изменилась. Мы уже привыкли к тому, что нас учат и лечат женщины, что среди инженеров, экономистов, юристов много женщин. Сегодня мы нередко встречаем женщин-полицейских, политиков и даже лётчиц. Женщина овладела, кажется, всеми мужскими профессиями. А вы знаете, о чём мечтают такие женщины? Они мечтают о букете цветов и не хотят потерять право на внимание мужчин».

Александр Данверский, журналист: «До сих пор все войны, катастрофы, социальные эксперименты происходили потому, что решения принимали мужчины. Женщин, к сожалению, не приглашали обсуждать важные проблемы. В последние годы социологи всё чаще говорят, что XXI век будет веком женщины, потому что так называемые «мужские ценности» (личный успех, решение проблем с позиции силы) уступят место «женским ценностям»: заботе о мире и общем благополучии. Если мы хотим, чтобы положение изменилось, мы, мужчины, должны помочь женщинам занять в обществе достойное место».

Дорогие читатели! Наша редакция ежедневно получает десятки писем, посвящённых этой актуальной проблеме, поэтому мы продолжим обсуждение темы «Женщины в современном обществе». Ждём ваших писем.

(по материалам газеты «Московские новости»)

현대 여성들은 보통 일을 합니다. 많은 여성들이 일을 좋아하고, 자신의 성공을 자랑스러워합니다. 그러나 오늘날 여성들이 지나치게 많이 일하는 것은 아닐까요? 퇴근 후에 많은 힘과 시간이 필요한 집안일 또한 그들을 기다리고 있으니까요.

그렇다면 여성들이 일하지 않고 집안일과 육아를 하는 것이 더 나은 것일까요? 이 문제에 대해 '모스크바의 소식'이라는 신문사가 독자들에게 물었습니다. 이 중 가장 흥미로운 답변들을 꼽아 보았습니다.

우주 비행사인 게오르기 그레츠코는 말했습니다. "저의 어머니는 공장에서 선임 엔지니어로 일하셨습니다. 어머니가 은퇴하신 다음 날 제게 '처음으로 마음 편하게 잔 것 같구나!'라고 하신 말씀을 저는 기억합니다. 이제까지 어머니는 공장에 무슨 일이 일어나지는 않는지 걱정하시면서 밤을 지새우셨던 것입니다. 하지만 누군가 어머니께 일하지 말고 집안일만 하라고 제안한다면, 아마 어머니는 동의하지 않으셨을 것입니다. 어머니는 공장과 자신의 일을 사랑하셨습니다. 물론 여성의 삶은 매우 힘듭니다. 그럼에도 불구하고 누구도 어머니가 좋아하는 일을 할 수 있는 권리를 뺏을 수는 없습니다. 저는 정부가 여성이 배려와 도움을 필요로 한다는 사실을 기억해야만 한다고 생각합니다."

투르크메니스탄의 과학 아카데미에서 근무하는 쇼크라트 타드이로프는 이렇게 말했습니다. "저는 육아에 대해서 말씀드리고 싶습니다. 이 문제에서 남성의 책임감은 여성의 책임감과 비교될 수가 없습니다. 육아는 여성의 주요 과제입니다. 그리고 물론 가정과 남편에 대한 배려도 마찬가지입니다. 남편은 가족을 부양하기 위해 돈을 벌기에 당연히 아내의 관심이 필요합니다. 바로 여성들이 일하는 것이 많은 나라에서 아이가 적게 태어나는 주된 이유입니다. 또한 일하는 여성은 금전적으로 독립적이기 때문에 부모가 자주 이혼하게 되고, 이로 인해 아이들이 아버지 없이 자라게 됩니다."

국회의원인 엘리비라 노비코바는 말했습니다. "여성에게는 어디에서, 얼마나, 어떻게 일할지 그리고 일하는 여부 등에 대한 선택권이 있어야 합니다. 그들에게 중요한 것이 무엇인지, 가정, 일 또는 두 가지 모두인지와는 상관없이 자신의 운명을 스스로 선택하도록 해야 합니다. 모든 사람들이 행복이라는 것을 똑같은 방법으로 찾을 필요는 없습니다. 각자의 여성들에게는 행복에 대한 자신만의 개념이 있습니다. 또한 국가는 일하는 여성들과 그들의 아이들에 대해 배려하면서 결정을 내려야만 합니다."

은퇴한 알렉세이 페트로비치 니콜라예프는 말했습니다. "시간은 여성들을 많이 바꿨습니다. 또는 더 좋게 말하자면, 여성 자신이 스스로 변했습니다. 우리는 우리를 가르치고 치료하는 사람들이 여성이며, 엔지니어나 경제학자, 법률가들 가운데에도 여성이 많다는 사실에 이미 익숙해져 있습니다. 오늘날 우리는 여성 경찰이나, 여성 정치가, 심지어는 여성 비행가들도 볼 수 있습니다. 여성들은 이제 모든 남성의 직업들을 갖게 된 듯 합니다. 그런데 이런 여성들이 무엇을 꿈꾸는지 알고 있나요? 그들은 꽃다발을 원하며, 남성들의 관심을 받는 권리를 잃고 싶어하지 않습니다."

기자인 알렉산드르 단베르스키는 말했습니다. "지금까지 모든 전쟁, 대참사, 사회적인 실험들은 남성들이 결정을 내렸기 때문에 일어난 겁니다. 유감스럽게도 여성들은 중요한 문제를 논의하는 자리에 초대되지 않았기 때문입니다. 최근에 사회학자들은 21세기는 여성의 세기가 될 것이라고 자주 말하곤 합니다. 왜냐하면 소위 '남성적인 가치들(개인적인 성공, 세력 우위에 따른 문제 해결)'이 '여성적인 가치들'인 세계와 사회적 복지에 대한 배려에 그 자리를 내주고 있기 때문입니다. 만약에 우리가 그 상황이 바뀌기를 원한다면, 남성들은 여성들이 사회에서 가치 있는 자리에 앉을 수 있도록 도와야만 합니다."

친애하는 독자 여러분! 저희 신문사 편집부는 이 현안에 관련된 편지를 매일 수십 통씩 받고 있습니다. 그래서 저희는 '현대 사회에서의 여성'이라는 주제로 된 논의를 계속 진행하고자 합니다. 여러분의 편지를 기다립니다.

(신문사 '모스크바의 소식' 기사문 발췌)

✅ 모범 답안

В этом тексте рассказывается о том, что в настоящий момент обсуждаются мнения об актуальной теме «Женщины в современном обществе». Действительно, современный мир постоянно меняется. Девушки, в основном, работают, и после того, как они выходят замуж, они не бросают свою работу.

Я думаю, что в общем понимаю всех респондентов, поскольку у них есть свои взгляды и представления. Но среди них я полностью согласна с точкой зрения депутата Государственной Думы. Никто не может заставлять женщин выбирать между работой и домашними делами. Я тоже не понимаю, почему только женщинам приходится делать этот выбор, а мужчинам нет.

Та женщина, для которой более важно добиться больших успехов в карьере, одновременно занимается и рабочими, и домашними делами, хотя её жизнь довольно трудна. А та, которая чувствует себя более счастливо, воспитывая детей, оставляет свою работу после их рождения. Всё это зависит от личных предпочтений, и женщины сами несут ответственность за свои решения.

Естественно, государство и общество должны сыграть свои роли в этом. Им надо заботиться о работающих женщинах и их детях и принимать для этого соответствующие меры.

Итак, я хотела бы подчеркнуть, что у всех женщин есть такое же право на свою жизнь, как и у мужчин.

이 텍스트에는 오늘날의 현안 문제인 '현대 사회에서의 여성'에 대해 다양한 견해가 논의되고 있다고 나와

있습니다. 실제로 현대 사회는 끊임없이 변하고 있습니다. 거의 대부분의 젊은 여성들은 결혼 후에도 회사를 그만두지 않고 일을 하고 있습니다.

저는 사람들이 각자의 의견과 생각을 가지고 있다고 여기며, 이 본문에 나오는 모든 독자들의 의견을 전반적으로는 이해하고 있습니다. 그러나 그중 국회의원이라고 밝힌 독자의 의견에는 전적으로 동의합니다. 그 누구도 여성들에게 일과 집안일 중 선택하라고 강요할 수 없습니다. 저도 또한 왜 이러한 선택을 여성들에게만 강요하는지도 이해가 되지 않습니다.

자신의 사회적 성공이 더 중요하다고 여겨지는 여성들은 설사 자신의 삶이 힘들더라도 집안일과 일을 병행합니다. 반대로 아이를 키우는 것이 더욱 행복한 여성들은 출산 후에 육아에 전념합니다. 이 모든 것은 개인적인 취향과 선호에 따라 달려 있습니다. 여성들은 이런 자신의 결정에 책임을 집니다.

물론 국가와 사회는 이 부분에 있어 나름의 역할을 해야 합니다. 일하는 여성과 그들의 자녀들을 위해 필요한 방안을 채택하여 이행해야 합니다.

마지막으로 제가 강조하고 싶은 점은 모든 여성들은 남성들과 동등하게 자신의 삶에 대한 권리를 지니고 있다는 것입니다.

Задание 2. Вы хотите получить в России интересную работу. Напишите о себе. Изложение информации должно быть полным, логичным и связным (не менее 20 предложений).

Вы можете использовать данные ниже вопросы:

– Как Вас зовут?

– Когда и где Вы родились?

– Какое Ваше семейное положение? (Вы женат? Вы замужем?)

– Кто ваша жена (муж)? Чем она (он) занимается?

– Есть ли у Вас дети? Чем они занимаются?

– Где Вы живёте в настоящее время?

– Где Вы учились раньше?

– Хотели бы Вы продолжить своё образование? Где? Когда?

– Чем Вы занимаетесь в настоящее время?

– Какие иностранные языки Вы знаете? На каком уровне ими владеете?

– Кем бы Вы хотели работать в России? Где именно?

– Сколько времени Вы хотели бы жить и работать в России?

문제 2. 당신은 러시아에서 일자리를 구하고자 합니다. 자기소개를 적어 보세요. 모든 내용은 논리적이고 서로 연관성이 있어야 합니다 (20개 이상의 문장).

당신은 다음의 질문 사항을 포함시킬 수 있습니다:

– 당신의 이름은 무엇인가요?

– 당신은 언제, 어디에서 태어났나요?

– 당신의 가족 형태는 어떤가요? (당신은 기혼자인가요?)

– 당신의 아내(남편)는 어떤 사람인가요? 무슨 일을 하나요?

– 당신에게는 아이가 있습니까? 무엇을 하나요?

– 현재 당신은 어디에서 사나요?

– 예전에 당신은 어디에서 공부했나요?

– 당신은 학업을 계속 이어 나가고 싶은가요? 어디에서? 언제?

– 현재 당신은 무엇을 하나요?

– 당신은 어떤 외국어를 알고 있나요? 외국어를 어느 수준으로 구사하나요?

– 당신은 러시아에서 무슨 일을 하고 싶나요? 정확히 어디에서 일하길 원하나요?

– 당신은 러시아에서 얼마 동안 살면서 일하고 싶은가요?

☑ 모범 답안

Уважаемый Пётр Иванович!

Здравствуйте! Меня зовут Ли Су Ми. Недавно я увидела объявление о приёме на работу в Вашу фирму, которая давно работает с корейскими компаниями. Я хотела бы получить возможность работать у Вас. Далее я кратко расскажу о себе.

Я родилась в 1988 году в городе Пусан. Сейчас живу в городе Сеул. Я замужем. Детей у нас пока нет. Мы с мужем познакомились, когда вместе учились в одном университете. По специальности он инженер, но и русский язык знает хорошо. Поэтому он без проблем сможет жить в России. Другими словами, мы оба готовы поехать в Россию.

Далее я хочу рассказать о таких важных вещах, как моё образование и опыт работы в Корее. Я училась в университете, который считается одним из лучших в Корее – Университет Ханкук. У меня 3 специальности – русский язык, английский язык и международная торговля. Благодаря тому, что в детстве я жила в Австралии, я свободно владею английским языком. А для повышения уровня знания русского языка я постоянно общаюсь с русскими друзьями.

Кроме этого, у меня есть достаточно большой опыт работы. В настоящее время я работаю в Корейской Торгово-промышленной палате. Уже 7 лет здесь занимается консультацией по менеджменту и предоставлением информации и услуг корейским компаниям, которые сотрудничают с зарубежными партнёрами.

В последнее время у меня появился интерес к работе в России. Я хотела бы узнать больше о рабочей атмосфере и особенностях работы в российских компаниях. Я считаю, что это очень важно и полезно для укрепления сотрудничества между Кореей и Россией. В Вашей фирме я хотела бы работать консультантом по управлению торговлей с Кореей.

Кроме этого, я планирую продолжить своё образование в России. Чтобы ещё лучше владеть русским языком, я буду посещать вечерние языковые курсы. К тому же, в моих планах в будущем поступить в экономический институт.

Таким образом, я собираюсь поехать в Россию на довольно долгое время — не менее 5 лет и ищу работу на долгосрочный период. Я надеюсь, что Вас заинтересовало моё письмо.

С нетерпением жду от Вас хорошего ответа. Заранее благодарю Вас за внимание.

До свидания!

С уважением,

Ли Су МИ

존경하는 표트르 이바노비치 씨!

안녕하세요! 제 이름은 이수미입니다. 얼마 전에 저는 당신의 회사에서 새로운 직원을 뽑는다는 공고를 보았습니다. 당신의 회사는 한국 회사들과 오래 전부터 협력하고 있다는 사실을 알고 있습니다. 저는 바로 당신의 회사에서 일할 수 있는 기회를 얻고 싶습니다. 제 소개를 간단히 해 드리겠습니다.

저는 1988년에 부산이라는 도시에서 태어났습니다. 현재는 서울에서 살고 있습니다. 저는 결혼을 했고, 아직 아이는 없습니다. 저는 제 남편을 대학교에서 만났습니다. 남편은 엔지니어인데, 러시아어도 잘 알고 있습니다. 그래서 남편도 러시아에서 사는 것에 문제가 없습니다. 즉, 다시 말해 저희 부부 모두 러시아로 갈 준비가 되어 있습니다.

다음으로 제 학업 생활과 한국에서의 업무 경력에 관해 말씀드리겠습니다. 저는 한국 최우수 대학교 중 하나인 '한국대학교'에서 공부했습니다. 저는 러시아어, 영어, 국제 무역 등 총 3가지의 전공을 가지고 있습니다. 어렸을 때 호주에서 살았던 경험 덕분에 저는 영어를 아주 잘 구사합니다. 러시아어 실력을 높이기 위해 저는 꾸준히 러시아어 친구들과 대화를 나누곤 합니다.

또한 저는 훌륭한 업무 경력을 갖추고 있습니다. 현재는 대한상공회의소에서 일하고 있습니다. 이미 7년째 이곳에서 외국 기업들과 협력하는 한국 회사들을 대상으로 경영 및 정보·서비스 제공과 관련 컨설팅을 하고 있습니다.

최근에 제게 러시아 현지에서 근무하는 것에 관한 관심이 생기게 되었습니다. 저는 러시아 회사의 기업 환경과 업무 특성에 대해 더욱 많이 알고 싶습니다. 저는 이것이 한국과 러시아 간의 협력 강화에 아주 중요하고 많은 도움이 된다고 생각합니다. 당신의 회사에서 저는 한국과의 무역 경영을 담당하는 컨설턴트로 일하기를 희망합니다.

또한 저는 러시아에서 학업을 계속 이어 나갈 계획이 있습니다. 러시아어를 더 훌륭하게 구사하기 위하여 저는 저녁 시간을 이용하여 어학 연수 코스를 밟으려고 합니다. 또한, 향후 저는 경제 대학원에도 입학할 계획도 가지고 있습니다.

이처럼 저는 러시아에서 최소 5년 이상 거주할 생각이며, 장기적으로 일할 수 있는 직장을 구하고 있습니다. 당신이 제 편지 내용에 관심을 가지게 되었기를 바랍니다.

좋은 결과 기다리고 있겠습니다. 주의 깊게 읽어 주셔서 감사합니다.

안녕히 계세요!

존경을 표하며,

이수미 드림

말하기 영역 정답 및 해설

말하기 영역 03

✅ 모범 답안

B1. Ты не забыл, что сегодня вечером нас пригласила в гости Инна. Пойдём вместе? Где и когда встретимся?

`답안`

Я сегодня весь день свободен. У меня много времени. Когда у тебя закончатся занятия? Я подожду тебя около входа на станцию метро.

B1. 너 오늘 저녁에 인나가 우리를 초대한 걸 잊지 않았지? 같이 갈래? 언제, 어디에서 우리 만날까?

`답안`

나는 오늘 하루 종일 한가해. 시간이 많아. 너의 수업은 언제 끝나니? 내가 지하철 역 입구 근처에서 너를 기다릴게.

B2. Алло! Привет, Таня! Где ты? Я беспокоилась, потому что тебя не было на занятиях. Что случилось? У тебя что-то болит?

`답안`

Маша, привет! Спасибо за звонок. Я сильно заболела. Уже сходила к врачу и сейчас лежу в постели. Наверное, завтра тоже не смогу прийти на занятия.

B2. 여보세요! 안녕, 따냐야! 너 어디니? 네가 수업에 오지 않아서 나는 걱정했어. 무슨 일 있니? 어디 아픈 거야?

`답안`

마샤야, 안녕! 전화해 줘서 고마워. 나 많이 아파. 이미 병원 다녀왔고 지금은 누워 있어. 아마 내일도 나는 수업에 못 갈 것 같아.

B3. Говорят, что вы отлично играете на скрипке, как настоящий музыкант. На чём вы ещё умеете играть? Наверное, вы также хорошо поёте?

`답안`

Большое спасибо! С детства я мечтал стать музыкантом. Кроме скрипки, я ещё играю на гитаре и пианино. Петь люблю, но у меня не очень хорошо получается.

B3. 당신은 음악가처럼 그렇게 바이올린을 잘 킨다고 하던데요. 또 어떤 악기를 다룰 줄 아세요? 아마도 노래도 잘 하시겠죠?

`답안`

감사합니다! 저는 어렸을 때부터 음악가가 되기를 꿈꿨어요. 바이올린 외에도 기타와 피아노를 칩니다. 노래 부르는 것도 좋아하지만, 그렇게 노래를 잘 하지는 못해요.

B4. Борис, я слышал, что завтра у тебя начнутся летние каникулы. Ты ведь первый раз в России летом? Какие у тебя планы?

답안

Да, это первое лето, которое я проведу в России. Я собираюсь поехать путешествовать по Сибири. Больше всего я хочу поплавать в озере Байкал.

B4. 보리스, 너 내일부터 여름 방학이 시작된다고 들었어. 러시아에서 여름을 처음 보내는 거지? 어떤 계획이 있니?

답안

응, 러시아에서 보내는 첫 번째 여름이야. 시베리아로 여행을 가려고 해. 나는 무엇보다도 바이칼 호수에서 수영을 하고 싶어.

B5. В воскресенье ко мне в гости приедут знакомые из России. Их надо встретить в аэропорту, но моя машина сломалась. Можете мне помочь?

답안

Без проблем. Не беспокойтесь! Я помогу вам. Давайте поедем встречать их на моей машине. Во сколько времени они прилетают?

B5. 일요일에 러시아에서 지인들이 저희 집에 놀러 올 예정이에요. 공항에 마중을 나가야 하는데 제 차가 고장이 났어요. 저 좀 도와주실 수 있으세요?

답안

문제없습니다. 걱정하지 마세요! 제가 도와드릴게요. 제 차로 마중을 나갑시다. 지인들이 몇 시에 도착하나요?

✅ 모범 답안

B1. Вы только что прилетели в Хабаровск. Вам нужно поменять деньги. Спросите у прохожего, где находится банк.

답안

Простите! Я иностранец. Я только что прилетел из Кореи. Мне надо поменять деньги. Скажите, пожалуйста, где находится банк? Можно дойти дотуда пешком?

B1. 당신은 방금 하바롭스크에 도착했습니다. 당신은 환전을 해야 합니다. 행인에게 은행이 어디에 있는지 물어보세요.

답안

실례합니다! 저는 외국인인데요. 방금 한국에서 왔습니다. 제가 환전을 해야 하는데요. 은행이 어디에 있는지 말씀해 주세요. 은행까지 걸어서 갈 수 있을까요?

B2. Вы хотите научиться плавать. Пойдите в бассейн и узнайте необходимую информацию (сколько времени и как часто вы будете заниматься, стоимость курсов).

답안

Добрый день! Можно задать вопросы про курсы плавания? Я хочу научиться плавать, как можно скорее. Как часто проходят занятия и сколько времени длится одно занятие? Сколько стоит месячный курс?

B2. 당신은 수영을 배우고 싶습니다. 수영장에 가서 필요한 정보를 알아내세요 (얼마 동안, 얼마나 자주 수영 강습을 받는지, 수업 비용 등).

답안

안녕하세요! 수영 강습에 대해 뭐 좀 여쭤봐도 될까요? 저는 최대한 빨리 수영을 배우고 싶습니다. 수업은 얼마나 자주 있나요? 얼마 동안 수업이 진행되나요? 한 달 과정은 얼마인가요?

B3. В прошлом месяце вы ездили в отпуск на остров Чеджудо. Вам очень понравилось. Посоветуйте друзьям поехать туда и объясните, почему.

답안

Ребята, привет! Давно не виделись. Недавно я отлично провела отпуск на острове Чеджудо. Там просто чудесно: природа очень красивая и погода хорошая. Ярко светит солнце и дует нежный ветерок. Вы были там? Советую обязательно съездить!

B3. 지난 달에 당신은 제주도로 휴가를 다녀왔습니다. 당신은 그곳이 매우 마음에 들었습니다. 친구들에게 그곳에 갈 것을 추천하고 이유도 설명하세요.

답안

얘들아, 안녕! 오랜만이야. 얼마 전에 나는 제주도에서 휴가를 보내고 왔어. 그곳은 정말 환상적이야. 자연 속 풍경도 매우 아름답고 날씨도 좋아. 화창하게 해가 비치고 부드러운 바람이 불어. 너희도 그곳에 가 보았니? 나는 꼭 거기에 갈 것을 추천해.

B4. Вы обещали встретиться с другом. Но уже опоздали на встречу. Вызовите такси по телефону.

답안

Алло, здравствуйте! Я хочу заказать такси. Сейчас я на улице «Русская». Мне срочно нужно поехать в центр города. Как долго мне ждать такси? Сколько стоит поездка до центра?

B4. 당신은 친구와 만나기로 약속했습니다. 하지만 이미 약속에 늦었습니다. 전화로 택시를 부르세요.

답안

여보세요! 안녕하세요. 저는 택시를 예약하고 싶습니다. 지금 저는 '루스까야' 거리에 있어요. 시내로 빨리 가야 합니다. 택시를 얼마나 기다려야 하죠? 시내까지는 택시비가 얼마인가요?

B5. Вчера вы получили письмо и посылку от своего русского друга из России. Расскажите своим родителям, что вы получили.

답안

Папа и мама! Посмотрите! Я очень рад, что вчера получил письмо и красивые русские сувениры от моего друга Антона. Вы помните его? Я скучаю по нему. (Можно пригласить его в гости к нам?)

B5. 어제 당신은 러시아에 있는 러시아 친구로부터 편지와 소포를 받았습니다. 부모님께 당신이 무엇을 받았는지 이야기해 주세요.

답안

아빠, 엄마! 이것 보세요! 어제 저는 안톤으로부터 편지와 예쁜 러시아 기념품을 받아서 너무 좋아요. 제 러시아 친구 안톤 기억하시죠? 안톤이 보고 싶네요. (안톤을 우리 집에 초대해도 될까요?)

말하기 영역 06

Прочитайте рассказ о случае из жизни одной семьи.

한 가족의 인생에서 일어난 일화에 대한 이야기를 읽으세요.

💬 텍스트 분석

В 1995 году молодая семья из Китая ждала ребёнка. Но в то время в стране действовала политика «одна семья – один ребёнок», а у них уже была трёхлетняя дочь. Они решили родить второго малыша втайне. Для этого семья переехала в маленький домик на реке в 120 километрах от своего дома. Там на свет появилась девочка, которую назвали Цун. Три дня прожила она в семье. Больше несчастные мать и отец не могли быть вместе с малышкой, и рано утром отец пошёл с ней на рынок в соседний город. Там он оставил её на видном месте с запиской.

В этой записке родители написали, когда и во сколько родилась девочка, как её назвали, а также о том, что не могут оставить её в семье из-за бедности и надеются, что она попадёт в хорошие руки, и о ней будут заботиться. Последние слова этой записки звучали так: «Если это должно случиться, то мы встретимся на мосту в городе Ханчжоу утром через 10 или 20 лет». День и место были выбраны очень символичные: в китайской культуре они связаны со встречами влюблённых.

Через год девочку взяла американская семья Полер. У них уже были свои родные дети – два сына, и они хотели третьего ребёнка. Приёмную дочку назвали Кэтрин или просто Кэти.

Когда девочку забирали из Китая, переводчица передала новым родителям записку от биологических родителей. Американцы сохранили эту записку, но решили не рассказывать девочке историю её рождения до 18 лет.

Китайская пара, как и написала в записке, через 10 лет в назначенный день и час появилась на мосту в Ханчжоу с большим плакатом с именем дочери, чтобы их можно было увидеть. Они стояли там целый день, но к ним так никто и не подошёл, и они ушли домой. А через несколько минут на мост пришла знакомая семьи Полеров, которую те попросили посмотреть, придёт ли кто-то на встречу. Но она опоздала и спросила других людей, не видели ли они кого-нибудь здесь с плакатом.

После этого китайские родители стали приходить на мост каждый год, обращая внимание на всех детей и живя надеждой на встречу с дочерью.

В 2016 году Кэти должна была ехать на учёбу в Испанию. Её родители решили, что теперь пора рассказать своей дочери обо всём. И Кэти была удивлена услышанным рассказом. Её желанием было как можно скорее увидеться с теми, кто дал ей жизнь.

В августе 2017 года Кэти приехала в Китай и в назначенный день была на мосту. Момент долгожданной встречи родителей со своим ребёнком через двадцать лет сложно описать словами. Мама не могла стоять от волнения и многолетнего ожидания, папа не мог говорить, старшая дочь плакала. Счастливая Кэти хотела всех обнять и успокоить. В этот момент плакали все, кто находился на мосту.

Полная семья прожила вместе несколько дней. Даже успели съездить на родину мамы, где Кэти познакомилась со своей бабушкой. Каждый старался рассказать о себе, но было, конечно, нелегко из-за языкового барьера, потому что Кэти совсем не знала китайский язык. Кэти не смогла сразу назвать родителей папой и мамой.

Пусть и через много лет, но трогательная история оказалась со счастливым концом – возвращение дочери домой произошло. И это большая удача для всех.

(http://fabiosa.ru)

1995년에 중국의 한 젊은 부부는 아이를 기다리고 있었다. 그러나 그 당시에, 중국에서는 '한 가정 – 한 자녀' 정책이 실행되고 있었고, 이미 그들에게는 3살배기 딸이 한 명 있었다. 그들은 두 번째 아이를 몰래 낳기로 결심했다. 이를 위해, 젊은 부부는 그들의 집에서 120km 떨어진 곳에 있는 강가에 위치한 작은 집으로 이사를 갔다. 그곳에서 한 명의 여자아이가 세상에 나오게 되었고, 그 아이의 이름은 '쭌'이었다. 3일 동안 이 아이는 가족들과 함께 살았다. 불행한 엄마와 아빠는 쭌과 함께 살 수가 없어서, 아빠는 아침 일찍 딸을 데리고 이웃 도시에 있는 시장으로 갔다. 아빠는 시장에서 눈에 잘 띄는 장소에 메모와 함께 아이를 두고 왔다.

이 메모에는 언제, 몇 시에 아이가 태어났고, 이름이 어떻게 되는지 쓰여 있었으며 게다가 가난하기 때문에 아이를 집에 남겨둘 수 없다는 것에 대해서도 쓰여 있었다. 그리고 부부는 아이가 더 좋은 가정에 가서 더 좋은 보살핌을 받기를 바라고 있었다. 이 메모의 마지막 구절에는 다음과 같이 쓰여 있었다. "만약에 이뤄질 수 있다면, 우리는 10년 또는 20년 이후에 항저우에 있는 다리에서 아침에 만날 거야." 날짜와 장소는 매우 상징적으로 선택이 되었다. 중국 문화에 따르면, 날짜와 장소는 사랑하는 사람들이 만나는 것과 관련이 있기 때문이었다.

1년 후에 '폴러'라는 성씨를 지닌 미국의 한 가정이 아이를 데려갔다. 그들은 이미 두 명의 아들이 있었지만, 세 번째 아이를 원했다. 입양한 딸에게 그들은 케이틀린 또는 케이티라는 이름을 지어 주었다.

중국에서 아이를 데려올 때, 통역사는 새로운 부모님에게 친부모들이 남긴 메모를 전달해 주었다. 새로운 부모님들은 이 메모를 잘 간직했지만, 18살이 되기 전까지 출생의 역사에 관해 아이에게 이야기를 해 주지 않기로 결심했다.

중국 부모님들은, 메모에 적혀 있는 것처럼, 10년 후 예정된 날짜와 시간에 항저우에 있는 다리에 나타났고 그들을 잘 보이게 하기 위해서 아이의 이름이 적힌 큰 현수막을 들고 있었다. 이들은 하루 종일 그곳에 서 있었지만, 아무도 그들에게 다가오지 않았고 그들은 집으로 떠났다. 그런데 몇 분 후에 폴러 가족의 지인이 다리에 도착했는데, 지인은 그 만남에 누군가가 올 것인지 지켜봐 달라는 폴러 가족의 부탁을 받았었다. 그러나 그녀는 늦게 도착했으며, 다른 사람들에게 플랜카드를 들고 있는 누군가를 이곳에서 보지 않았는지 물어봤다.

이 이후에 중국인 부모들은 매년 다리에 오기 시작했다. 동시에 딸과의 만남을 기대하면서 모든 아이들을 주의 깊게 살펴보았다.

2016년에 케이티는 스페인으로 공부를 하기 위해 떠나야 했었다. 그녀의 미국 부모님은 자신의 딸에게 모든 것에 대해 이야기해 줄 때가 되었다고 결심했다. 그리고 케이티는 이야기를 듣고 놀라움에 빠졌다. 그녀의 소망은 그녀에게 생명을 선사해 준 친부모님들을 최대한 빨리 만나는 것이었다.

2017년 8월에 케이티가 중국에 도착했고 약속된 그날에 다리에 있었다. 20년 후에 자신의 아이와 부모님이 만나는, 오래 기다려 온 만남의 순간은 말로 표현하기 어려웠다. 엄마는 떨리는 감정과 수년간 기다려 온 그리움의 감정으로 서 있을 수가 없었고, 아빠는 말을 할 수가 없었으며 케이티의 언니는 울고 있었다. 행복에 겨운 케이티는 모두를 껴안고 진정시키길 원했다. 이 순간에 다리에 있던 모든 사람들은 눈물을 흘렸다.

모두가 모인 가족은 며칠 동안 같이 지냈다. 그리고 어머니의 고향에도 방문을 했고, 그곳에서 케이티는 할머니도 만나게 되었다. 모두가 자신에 대해서 이야기하려고 애를 썼으나, 당연히, 이는 언어적인 장벽 때문에 쉽지 않았다. 왜냐하면 케이티는 중국어를 전혀 알지 못했기 때문이었다. 케이티는 아빠와 엄마를 곧바로 부모님이라고 부를 수는 없었다.

몇 년이 지난 이후에, 감동적인 이 이야기는 해피 엔딩을 맞이했다. 딸이 가족들의 품으로 돌아왔기 때문이다. 그리고 이는 모두에게 있어서 큰 기쁨이 되었다.

☑ 모범 답안

B1. Кратко передайте содержание рассказа.

Я прочитал(а) рассказ о случае из жизни одной китайской молодой семьи. В ней уже была одна дочь, но родители ждали второго ребёнка. Поскольку в то время в Китае запрещали рожать больше одного ребёнка в каждой семье, герои рассказа переехали в другой город, чтобы родить малыша втайне. Там у них родилась девочка, которую назвали Цун. Но, к сожалению, из-за бедности её родителям пришлось оставить свою дочь на рынке с запиской. В этой записке было написано, когда девочка родилась и почему она не могла жить вместе со своей семьёй. Кроме этого, китайские родители написали, что они хотят встретиться с ней через 10 или 20 лет на мосту в городе Ханчжоу.

Через год китайскую девочку взяла американская семья, и она хорошо воспитывала свою приёмную дочку. Прошло время и уже взрослая Цун собиралась поехать на учёбу за границу. Тогда её американские родители решили, что теперь пора рассказать ей обо всём. После того, как Цун узнала историю своего рождения, она удивилась, и очень захотела увидеться с биологическими родителями.

Наконец, она поехала в Китай и встретилась с ними. Безусловно, вся китайская семья волновалась и очень радовалась. Они вместе провели счастливое время на настоящей родине Цун.

B1. 이야기의 주요 내용을 간단하게 요약하시오.

저는 젊은 중국 가족의 일화에 관한 이야기를 읽었습니다. 이 가족에게는 이미 한 명의 딸이 있었지만, 두 번째 아이를 기다렸습니다. 당시에 중국에서는 1가구 1자녀 정책이 시행되고 있었기 때문에, 그들은 몰래 둘째 아이를 낳으러 다른 도시로 이사 갔습니다. 그곳에서 '쭌'이라는 딸이 태어났습니다. 그러나 아쉽게도 부모는 가난 때문에 둘째 아이를 메모와 함께 시장에 두고 올 수 밖에 없었습니다. 메모에는 언제 이 아이가 태어났고, 왜 함께 살 수 없는지에 대해 적혀 있었습니다. 또한 부모는 10년 또는 20년 후에 항저우라는 도시에 있는 다리에서 딸을 만나고 싶다고 적었습니다.

1년 후에 미국인 부모가 쭌을 입양하여 훌륭하게 키웠습니다. 시간이 흘러 성인이 된 쭌은 학업을 위해 유학을 가려고 했습니다. 그때 미국인 부모는 이제는 모든 것을 다 말해 주기로 결심했습니다. 쭌은 자신의 출생 비화를 듣고 난 후에 놀랐고, 친부모님을 매우 뵙고 싶어했습니다.

마침내 그녀는 중국에 갔고 부모님을 만났습니다. 물론 중국 가족들은 매우 기뻐했습니다. 그들은 쭌의 진짜 고향에서 행복한 시간을 함께 보냈습니다.

B2. Выразите своё отношение к героям и событиям текста.

> 답안

Когда я читал(а) начало рассказа, я думал(а), что он очень грустный и печальный, и у него будет несчастливый конец. Но оказалось не так. Конечно, очень жаль, что бедные китайские родители не могли воспитывать свою любимую дочку в семье. Но, тем не менее, девочка попала к хорошим людям, и о ней хорошо заботились. В связи с этим, я хочу отметить, что её приёмные родители очень мудрые и приняли умное решение не рассказывать своей дочери историю её рождения, пока она не станет взрослой. Благодаря этому, она имела беззаботное детство и смогла простить родителей и встретиться с ними.

B2. 텍스트의 주인공과 사건에 대한 자신의 의견을 말하시오.

> 답안

제가 텍스트의 초반부를 읽었을 때는 내용이 전반적으로 우울하고 슬픈 결말이 될 것이라고 생각했습니다. 그러나 그렇지 않았습니다. 물론 가난한 중국 부모가 자신의 아이를 키우지 못하는 것은 매우 안타까운 일입니다. 하지만 좋은 부모님을 만나게 되었고 따뜻한 보살핌을 받으며 자랐습니다. 이 부분과 관련하여 제가 말씀드리고 싶은 점은 양부모님은 매우 현명한 분들이고, 딸이 성인이 되기 전까지 아무런 이야기를 해 주지 않은 것은 좋은 결정이었다고 생각합니다. 덕분에 주인공은 걱정 없이 어린 시절을 보냈고 나중에 친부모님을 용서하고 그들과 만날 수 있었습니다.

B3. Если бы вы были героиней рассказа, то с кем бы вы жили после встречи с биологическими родителями? Почему Вы так думаете?

> 답안

Если бы я был(а) героиней рассказа, то я бы выбрал(а) жить с биологическими родителями. До встречи с ними я проводил(а) детство с приёмной семьёй. Наверное, мне бы захотелось пожить какой-то период вместе с биологическими родителями, чтобы получше их узнать и стать ближе. Но, конечно, я бы обязательно сохранил(а) хорошие отношения с приёмными родителями.

B3. 만약 당신이 주인공이라면, 친부모님을 만난 이후에 누구와 함께 살 것인가요? 왜 그렇게 생각하나요?

> 답안

제가 만약 이 이야기의 주인공이라면, 저는 친부모님과 사는 쪽을 택했을 것 같습니다. 그들을 만나기 전까지는 양부모님과 어린 시절을 보냈습니다. 아마도 저는 친부모님들에 대해 더 알고 싶고, 가까워지기 위해 그들과도 어느 정도의 시간을 보내고 싶다는 생각이 들 것 같습니다. 물론 양부모님들과도 좋은 관계를 계속 유지할 것 같습니다.

В4. Как вы думаете, как можно назвать этот рассказ?

답안 Любовь родителей к дочери / Кровь не водица.

В4. 이 이야기의 제목을 붙인다면 어떤 것이 있을까요?

답안 딸에 대한 부모님의 사랑 / 피는 물보다 진하다.

말하기 영역 08

Прочитайте текст и перескажите его. Сформулируйте главную мысль текста. Выразите своё отношение к герою текста.

텍스트를 읽고 내용을 간추려 말하세요. 텍스트가 전달하고자 하는 바를 말하세요. 텍스트의 등장인물에 대한 자신의 견해를 표현하세요.

💬 텍스트 분석

Новый Робинзон

Это случилось недавно. Литовский спортсмен Паулюс Нормантас решил провести отпуск на берегу Аральского моря. Он часто слышал рассказы рыбаков о том, что там очень интересная природа, красивые острова и очень много рыбы. Паулюс подготовил всё необходимое, взял лодку, подводное ружьё, фотоаппарат, запас продуктов и отправился в это трудное путешествие.

Это было весной – в конце марта, погода стояла холодная. Сначала всё было хорошо. Паулюс плыл в лодке, с интересом рассматривал берега Аральского моря, которое в это время года очень пустынно. Когда он устал, он решил подплыть к острову и немного отдохнуть. Выйдя из лодки, он вытащил её на берег, взял рюкзак и пошёл осматривать остров. Людей на острове не было. Осмотрев местность, Паулюс вернулся на берег. Но... лодки на берегу не было. Далеко в море он увидел белый парус. Паулюс понял: вода подняла лодку и унесла её в открытое море. Паулюс остался на острове один.

Сначала он очень испугался. Он не знал, когда здесь могут появиться люди и сколько времени он должен будет жить на острове один. Он осмотрел свои вещи: ружьё, нож, линза, немного хлеба, сахара, чая, муки, спички, любимая книга. Что делать? Он должен был надеяться только на свои силы.

Паулюс разжёг костёр, приготовил чай. Вода здесь была немного солоноватая, но её можно было пить. В эту ночь он не спал из-за холода. Но на следующую ночь он сделал из глины маленький домик, где можно было только сидеть и лежать.

Так началась его жизнь на острове. Ни на следующий день, ни через неделю люди на острове не появились. Продукты закончились. Несколько дней Паулюс голодал. В море было много рыбы, у Паулюса было подводное ружьё, но температура воды была около плюс восьми градусов. Сколько минут может человек проплыть в такой холодной воде, нерискуя заболеть? А болеть нельзя, болезнь - это смерть. Паулюс решил начать подготовку: каждое утро он делал упражнения, бегал вокруг острова, а потом плавал в воде, сколько хватало сил, постепенно увеличивая время.

Шёл день за днём, неделя за неделей. У Паулюса уже были свои маленькие радости: прилетели новые птицы, пришли черепахи. Были и неприятности: на острове начался пожар. Паулюс должен был покинуть остров. В уже потеплевшей воде, сделав небольшой плот, он переплыл на соседний островок. Теперь каждый день он ловил много рыбы, он её парил, запекал, сушил. Днём он был занят с утра до вечера. Вечером он читал свою единственную книгу «Морской орёл».

Закончился месяц его пребывания на острове. С каждым днём теплел воздух, но всё труднее становилось одиночество.

И вот Паулюс начал готовиться к большому заплыву. Девятого мая он отправился в путь. Плыл медленно, от острова к острову, останавливался на день-два. Наконец, он доплыл до берега.

До ближайшего посёлка – сто тридцать километров. Пошёл пешком, без пищи и воды. К счастью, на второй день встретил людей, которые довезли его до посёлка. Так закончилось это необычное путешествие, которое продолжалось пятьдесят пять дней. За это время он похудел и загорел, устал от холода, голода, одиночества. Но все эти приключения он вспоминает сейчас с улыбкой. Он не проиграл, не сдался, а значит – он настоящий человек.

(https://www.dvfu.ru/education)

새로운 로빈슨

얼마 전에 발생한 일이다. 리투아니아 운동선수 파울루스 노르만타스는 아랄해 연안에서 휴가를 보내기로 결정했다. 그는 그곳에는 매우 흥미로운 자연 경관, 아름다운 섬들 그리고 매우 많은 물고기가 있다는 어부들의 이야기를 자주 듣곤 했다. 파울루스는 필요한 모든 것을 준비했고, 보트와 작살 총, 카메라, 여분의 식료품을 챙기고 나서 이 어려운 여정을 향해 길을 떠났다.

3월 말 – 봄, 추운 날씨가 이어졌다. 처음엔 모든 것이 훌륭했다. 파울루스는 배를 타고 항해하며 흥미롭게 아랄해 연안들을 두루 살펴보았는데, 아랄해는 봄에는 매우 황량한 상태였다. 그는 지쳤을 때, 섬 쪽으로 다가가서 휴식을 좀 취하기로 결심했다. 보트에서 내리고 나서, 바닷가로 그것을 당겨온 뒤 배낭을 메고 섬을 좀 둘러보기 위해 길을 떠났다. 그 섬에는 사람들이 없었다. 지역을 다 돌아보고 나서, 파울루스는 바닷가로 돌아왔다. 그러나 … 바닷가에 세워 둔 보트는 없었다. 그는 바닷가 저 멀리에 있는 흰 돛을 보게 되었다. 파울루스는 바닷물이 배를 들어올려 광활히 펼쳐진 바다로 그것을 끌고 가 버렸다는 것을 알게 되었다. 파울루스는 섬에 혼자 남겨졌다.

처음에 그는 매우 무서웠다. 파울루스는 언제 이곳에 사람이 나타날 수 있으며, 얼마나 많은 시간 동안 그가 혼자서 살아야만 하는지 몰랐다. 그는 자신의 물건들을 살펴봤다. 작살 총, 칼, 렌즈, 빵과 설탕, 차, 밀가루, 성냥, 즐겨 읽는 책이 있었다. 무엇을 해야 하지? 그는 자신의 힘을 믿을 수밖에 없었다.

파울루스는 모닥불을 피웠고, 차를 끓였다. 물은 약간 소금기를 머금었지만 마실 수는 있었다. 이 밤 동안 그는 추위로 인해 잠을 잘 수 없었다. 그 다음 날 밤, 그는 진흙으로 작은 집을 하나 만들었는데, 그곳에서는 앉아 있거나 누울 수만 있었다.

그의 섬에서의 삶은 이렇게 시작되었다. 그 다음날도, 1주일이 지나도 섬에는 사람들이 나타나지 않았다. 식량도 다 떨어졌다. 파울루스는 며칠을 굶주렸다. 바닷속에는 물고기가 많았고, 파울루스에게는 작살 총이 있었지만, 수온이 약 8도 정도였다. 이러한 찬물에서 사람이 아플 위험을 감수하지 않으면서 몇 분 동안 수영을 할 수 있을 것인가? 아프면 안 된다, 질병은 죽음과도 같기 때문이었다. 파울루스는 준비해 나가기 시작했다. 매일 아침 체조를 하고, 섬 주위를 뛰어다녔으며 힘이 허락하는 한, 시간을 늘려 가며 물 속에서 수영을 하곤 했다.

하루가 지나고, 1주일이 지나갔다. 파울루스에게는 이미 일상 속의 소소한 행복이 있었다. 새로운 새들과 거북이들이 섬을 찾아왔기 때문이다. 안 좋은 일도 있었다. 섬에 화재가 발생했기 때문이다. 파울루스는 섬을 떠나야만 했다. 크지 않은 뗏목을 만들고 나서, 어느 정도 따뜻해진 물을 따라 이웃에 있는 작은 섬으로 이동을 했다. 이제 파울루스는 매일 많은 물고기를 잡아 삶고, 굽고, 말려서 먹었다. 그는 아침부터 저녁까지 바빴다. 저녁에 파울루스는 자신이 가져온 유일한 책인 '바다 독수리'라는 책을 읽었다.

섬에 온 지 1달이 되었다. 날이 갈수록 공기는 따뜻해졌지만, 외로움은 점점 더 어려워져 갔다.

마침내 파울루스는 대항해를 떠날 준비를 시작했다. 3월 9일에 그는 여정을 떠났다. 천천히 항해하며, 섬에서부터 다른 섬 쪽으로 향했고 약 2일 정도를 예정하여 머물렀다. 그리고 그는 해변까지 도달하게 되었다.

가장 가까운 마을까지는 130km 정도 거리였다. 음식과 물도 없이 걸어가기 시작했다. 다행히도, 둘째 날에 그를 마을까지 태워서 데려다 준 사람들을 마주쳤다. 그리하여 이 평범하지 않은 55일간의 여행이 막을 내렸다. 이 기간 동안 그는 살이 빠지고, 피부는 그을렸으며 추위와 배고픔 그리고 외로움으로 지쳐 버렸다. 그러나 현재 그는 이 여정을 미소를 띄며 회상하곤 한다. 그는 굴복하지 않고 포기하지도 않았다. 다시 말하면, 그는 진정한 사람이 되었다는 것이다.

✅ **모범 답안**

B1. Перескажите текст. Сформулируйте главную мысль текста.

[답안]

Я прочитал(а) текст, который называется «Новый Робинзон». В нём рассказывается о приключении одного литовского спортсмена Паулюса. Он хотел провести отпуск на берегу Аральского моря, где очень интересная природа, красивые острова и много рыбы.

Когда герой приехал на берег, он вышел из лодки и осмотрел остров. После прогулки по нему он вернулся на берег, но его лодки не было. Она уплыла в море и Паулюс остался на острове один.

Сначала он очень испугался, но потом пытался приспособиться к жизни на острове. Он сделал из глины маленький домик, ловил рыбу и бегал вокруг острова для сохранения здоровья.

Тем не менее, всё труднее становилось одиночество, поэтому герой решил покинуть остров и доплыть до большой земли. Плыл он медленно и останавливался на других островках, чтобы отдохнуть и набраться сил. А когда герой добрался до суши, ему пришлось долго идти пешком, чтобы добраться до посёлка.

Так, спустя полтора месяца, закончилось это трудное путешествие, в котором Паулюс выстоял и победил.

B1. 이야기의 주요 내용을 간단하게 요약하시오.

[답안]

저는 '새로운 로빈슨'이라는 제목의 텍스트를 읽었습니다. 텍스트는 '파울루스'라는 리투아니아 출신 운동선수의 모험에 관한 이야기입니다. 그는 아랄해 근처에서 휴가를 보내고 싶었습니다. 그곳은 흥미로운 자연 환경을 지녔고, 아름다운 섬들이 있으며 많은 물고기들이 사는 곳입니다.

바닷가에 도착한 주인공은 배에서 나와 섬을 둘러봤습니다. 다시 바닷가에 돌아와 보니 자신의 배가 사라졌다는 것을 알게 됐습니다. 배는 바다로 떠내려갔고 그는 섬에 혼자 남게 되었습니다.

처음에는 매우 당황했지만, 나중에는 섬에서의 생활에 적응하기 위해 노력했습니다. 진흙으로 작은 집을 만들고, 물고기를 잡고, 체력을 유지하기 위해 섬 주변을 돌면서 운동도 하였습니다.

그렇지만 점점 더 외로움은 심해졌고, 결국 그는 섬을 탈출하여 육지로 가기로 결정했습니다. 천천히 항해하면서 중간에 휴식을 취하거나 체력을 보충하기 위해 여러 섬에서 잠시 머물기도 했습니다. 육지에 도착한 후에도 마을에 도달하기 위하여 또다시 걸어가야만 했습니다.

이렇게 한 달 반이 지나서야 그가 힘들게 버텨내고 이겨 낸 여정이 끝났습니다.

B2. Выразите своё отношение к героям текста.

(답안)

Прежде всего, я хочу отметить, что я очень боюсь вызовов и необычных задач. А также я редко иду на риск, если не уверена в положительном исходе дела. Поэтому можно сказать, что у меня и героя рассказа совсем противоположные характеры.

Меня очень удивило, что Паулюс не сдался и справился с такой тяжёлой ситуацией и всеми трудностями, когда он остался на острове один. Такой активный подход к решению проблемы и смелое поведение – отличный пример для меня. Теперь если у меня возникнут сложные ситуации, я постараюсь разобраться в них и преодолеть все трудности, не боясь потерпеть неудачу.

B2. 텍스트의 주인공에 대한 자신의 의견을 말하시오.

(답안)

일단 저는 도전과 평범하지 않은 일을 이행하는 것을 두려워하는 편이라고 말하고 싶습니다. 만약 긍정적인 결과를 확신하지 못하는 경우에는 리스크를 잘 감수하지 않습니다. 그렇기 때문에 저와 이 텍스트의 주인공은 전혀 반대의 성격을 가지고 있다고 말할 수 있습니다.

저는 주인공이 섬에 혼자 남게 되었을 때 좌절하지 않고 그 어려운 상황과 고난을 이겨내는 모습을 보고 매우 놀랐습니다. 문제 해결에 있어서 이렇게 적극적인 태도와 용기 있는 행동은 제가 본받아야 할 점입니다. 이제는 제게 어려운 상황이 생겨도 저는 실패를 두려워하지 않고 모든 어려움을 극복하고 잘 해결하기 위해서 노력할 것입니다.

B3. Как вы считаете, после этого герой текста ещё планирует отправиться в необычное путешествие или нет? Почему?

(답안)

Я думаю, что герой не любит проводить своё свободное время как обычные люди. Он склонный к авантюрам, достаточно любопытный человек. Поэтому считаю, что, возможно, он ещё планирует отправиться в необычное путешествие, но не один, а с кем-то.

Он будет выбирать безлюдные и неизвестные места. Но думаю, что теперь он будет более внимательным и подготовит всё необходимое и для любой ситуации.

B3. 이 주인공은 앞으로 또 다시 평범하지 않은 여행을 떠나려고 할까요? 왜 그렇게 생각하나요?

(답안)

저는 주인공이 보통의 사람들처럼 자신의 여가 시간을 보내는 것을 싫어한다고 생각합니다. 그는 모험심이 강하고 호기심이 많은 사람입니다. 그래서 아마도 그는 앞으로도 평범하지 않은 여행을 떠날 것 같습니다. 하지만 이제는 혼자가 아니라 누군가와 함께 갈 것이라고 생각합니다.

그는 인적이 드물고 잘 알려지지 않은 장소를 선택할 것입니다. 그러나 이제는 모든 상황에 대비할 수 있게 더욱더 철저하게 준비를 할 것이라 생각합니다.

Вы работаете в туристической фирме. К вам пришёл клиент, который хочет получить информацию о турах. Заинтересуйте его. Подготовьте рекламу одного из туров.

Вы можете рассказать:

– об истории страны (города)

– о театрах, музеях и исторических памятниках

– об университетах, стадионах

– о ресторанах и магазинах

– о природе и климате страны (города)

– о стоимости тура, о скидках для студентов, детей и т. д.

당신은 여행사에서 일하고 있습니다. 여행 상품에 대한 정보를 얻기 원하는 고객이 당신을 찾아왔습니다. 손님이 관심을 가질 수 있게 여행 상품 광고를 만들어 보세요.

당신은 다음의 내용을 이야기할 수 있습니다:

– 나라(도시)의 역사

– 극장, 박물관, 역사적인 기념비

– 대학교, 경기장

– 레스토랑, 상점

– 나라(도시)의 기후와 자연

– 여행 상품의 가격, 학생 할인 등

✅ 모범 답안

Я хочу рассказать вам о Санкт-Петербурге и предложить поехать в этот прекрасный город. Думаю, вы уже слышали, что его называют северной столицей России.

Санкт-Петербург – второй по величине город России. Его население – около 5 миллионов человек, и в нём очень много проживает иностранцев. Этот город основал русский царь Пётр Первый в 1703 году. Благодаря этому великому царю развивались и город, и сама Россия.

Он расположен на берегу Балтийского моря. В нём есть широкая река Нева и много речек и каналов. Когда вы увидите весь город, вы, возможно, вспомните Венецию – Санкт-Петербург очень на неё похож.

Что касается его климата и погоды, то здесь влажно и не жарко летом, а также часто идут дожди. Действительно, природа Санкт-Петербурга очень красивая. В нём много садов и парков, в которых растут красивые цветы, и можно отдохнуть и погулять.

Этот город является культурным и историческим центром России. Вы сможете посетить известные музеи: Эрмитаж, Русский музей и т. д. Кроме этого, в центре города находится памятник великому русскому писателю А.С. Пушкину.

Когда вы будете прогуливаться по улицам города, вы увидите множество молодых людей. Всё потому, что в городе есть престижные и известные учебные заведения, в которых учатся студенты из разных стран мира.

Поскольку в этот город приезжают много иностранных туристов, в Санкт-Петербурге есть множество ресторанов с очень вкусной едой. Вы даже сможете попробовать блюда из разных стран. И, конечно же, вам предложат лучшие блюда традиционной русской кухни.

Ну и, наконец, немаловажный вопрос – цены на туры. Тур по Санкт-Петербургу стоит 500 долларов. Однако, у нас есть дополнительные скидки для студентов, детей и пенсионеров. И ещё одна приятная новость – если вы закажете наш тур прямо сейчас, я смогу предоставить вам специальную скидку 15%.

Не упустите свой шанс! Вы не пожалеете, если выберете этот тур!

- -

나는 당신에게 상트페테르부르크에 관해 이야기해 드리고 싶습니다. 이 아름다운 도시에 가 보실 것을 제안 드립니다. 저는 아마 당신이 이 도시가 러시아의 북쪽 수도라고 불린다는 이야기를 들어 보셨을 것이라고 생각합니다.

상트페테르부르크는 러시아에서 두 번째로 큰 도시입니다. 인구는 약 500만 이상이고, 많은 외국인들이 살고 있습니다. 이 도시는 1703년에 러시아 황제인 표트르 1세로 인해 만들어졌습니다. 위대한 황제 덕분에 이 도시와 러시아 전체가 발전했습니다.

상트페테르부르크는 발트해 연안에 위치해 있습니다. 이 도시에는 넓은 네바강과 많은 하천, 운하가 흐릅니다. 당신이 이 도시를 전체적으로 본다면, 아마도 상트페테르부르크와 매우 비슷한 도시인 베네치아를 떠올리게 될 것입니다.

이 도시의 기후와 자연에 관해 말하자면, 이곳의 여름은 습하고 덥지 않으며 비가 자주 옵니다. 상트페테르부르크의 자연은 정말로 매우 아름답습니다. 아름다운 꽃들이 피어나고, 사람들이 산책하고 쉴 수 있는 많은 정원과 공원들이 있습니다.

상트페테르부르크는 러시아의 문화 및 역사적인 중심지이기도 합니다. 당신은 에르미타주 박물관, 러시아 박물관 등 유명한 박물관을 방문할 것입니다. 또한 중심지에는 위대한 러시아 시인 푸시킨의 동상이 세워져 있습니다.

당신이 이곳의 거리에서 산책을 하다 보면, 많은 젊은이들을 볼 수 있습니다. 왜냐하면 상트페테르부르크에는 세계 다양한 국가 출신의 외국 학생들이 공부하는 위신 있고 유명한 교육 기관이 있기 때문입니다.

이 도시로 많은 외국 관광객들이 오기 때문에 상트페테르부르크에는 맛있는 음식을 먹을 수 있는 식당이 많습니다. 그리고 당신은 다양한 나라의 음식까지 맛볼 수 있습니다. 물론 러시아 전통 음식도 먹어 보는 것을 제안드립니다.

마지막으로 아주 중요한 여행 상품 가격에 관해 말씀드리겠습니다. 상트페테르부르크 투어 상품은 500달러입니다. 그렇지만 저희는 학생, 아동, 은퇴자들에게 추가 할인을 제공해 주고 있습니다. 이 외에도 또 하나의 좋은 소식이 있습니다. 당신이 바로 지금 이 상품을 예약하신다면 제가 15% 할인을 더 해 드릴 수 있습니다.

기회를 놓치지 마세요! 이 여행 상품을 선택하신다면 후회하지 않으실 겁니다!

말하기 영역 11

Ваш друг планирует работать в вашей фирме. Он хочет узнать больше информации о своей будущей работе.

Вы можете рассказать о том:

- где (в какой фирме) вы сейчас работаете
- чем занимается ваша фирма
- чем ваш друг должен будет заниматься на работе
- с кем он будет вместе работать
- как сотрудники фирмы проводят свободное время
- как долго можно отдыхать летом (летний отпуск)

당신의 친구는 당신의 회사에서 일하려고 합니다. 그는 자신의 직장과 업무에 대해 더 많이 알기를 원합니다.

당신은 다음의 내용을 이야기할 수 있습니다:

– 어디에서 (어떤 회사에서) 당신이 일하고 있나요?

– 당신의 회사는 어떤 곳인가요?

– 회사에서 당신의 친구는 어떤 일을 하게 되나요?

– 그는 누구와 함께 일하게 되나요?

– 직원들은 어떻게 휴식 시간을 보내나요?

– 여름에는 얼마나 쉴 수 있나요? (여름 휴가)

☑ 모범 답안

Я узнал, что ты собираешься работать в нашей фирме и я очень рад этому. Я с удовольствием расскажу тебе о самой фирме и о твоей будущей работе.

Наша компания называется «Окно в мир» и она довольно большая. Она находится в центре города на улице «Главная». Эту фирму основал мой отец в 1990 году. Мы занимаемся торговлей автозапчастями с разными странами.

Когда ты начнёшь работать здесь, ты будешь числиться в отделе управления маркетингом и менеджментом. В этом отделе работают 5 сотрудников – они очень серьёзные, трудолюбивые и общительные. Я думаю, что тебе будет очень интересно работать с ними.

Это то, что касается работы. Теперь перейдём к таким вопросам, как отпуск и досуг сотрудников фирмы. У нас длинный отпуск – 40 дней в году. Чтобы спланировать свой отдых, нужно заранее подать начальнику заявку на отпуск.

Также в нашей компании есть собственные ресторан, кафе и магазин. Все сотрудники обедают там, потому что готовят в них вкусно, и цены невысокие. Кроме этого, наша фирма даёт своим сотрудникам возможность бесплатно заниматься спортом в свободное время. В здании есть тренажёрный зал, гольф-клуб и маленький бассейн. Думаю, тебя это очень обрадует, потому что ты очень любишь спорт.

В нашей компании очень дружный коллектив. Сотрудники помогают друг другу и поддерживают друг друга в различных вопросах. Я уверен, что хорошие отношения в коллективе – залог успеха нашей компании.

Уверен, что наша фирма и твоя будущая фирма тебе понравится. Если у тебя возникнут ещё какие-либо вопросы о нашей фирме, спрашивай в любое время.

나는 네가 우리 회사에서 일하게 되었다는 얘기를 들었어. 나는 정말 기뻐. 너에게 우리 회사와 너의 향후 업무에 대해 이야기해 줄게.

'세계로 향하는 창문'이라는 우리 회사는 꽤 큰 회사에 속해. 회사는 시내에 있고 '글라브나야'라는 거리에 위치해 있어. 1990년에 우리 아버지가 이 회사를 세웠어. 우리 회사는 많은 국가들을 대상으로 자동차 부품 무역을 하고 있어.

네가 이곳에서 일을 시작하면, 너는 마케팅, 경영 관리 부서에서 일하게 될 거야. 이 부서에는 5명이 있고, 모두 성실하고 사교성이 좋은 분들이야. 나는 네가 그분들과 함께 일하면 매우 재미있을 것이라고 생각해.

여기까지는 업무에 대한 이야기였어. 이제는 휴가, 직원들의 복지에 대한 주제로 넘어가 보자. 우리 회사는 1년에 40일이라는 아주 긴 휴가를 직원들에게 제공해. 휴가를 쓰고 싶다면, 미리 휴가 신청서를 상사에게 제출해야 해.

그리고 우리 회사에는 식당, 카페, 상점이 있어. 구내식당은 맛있고 싸기 때문에 모든 직원들이 이곳에서 점심을 먹어. 이 외에도 우리 회사는 휴식 시간에 무료로 운동을 할 수 있는 기회를 줘. 회사 건물에는 헬스장, 골프장, 작은 수영장이 있어. 너는 운동을 매우 좋아하니까 이 부분이 굉장히 마음에 들 거라고 생각해.

우리 회사는 직원들끼리 매우 화목하고 친해. 서로 도와주고 다양한 문제를 함께 해결해 주기도 해. 나는 이런 단합과 직원들 간의 좋은 관계가 우리 회사의 성공 요인이라고 생각해.

분명 너도 우리 회사이자 너의 미래의 회사가 마음에 들 것이라고 확신해. 혹시 회사에 관한 질문이 있다면 언제든지 나에게 물어봐.

말하기 영역 12

Вы учитесь в российском университете. Журналист газеты «Учёба» хочет взять у вас интервью. Расскажите ему о себе, о своей семье и об учёбе в университете.

당신은 러시아 대학교에 다닙니다. '우쵸바'라는 잡지사에서 당신에게 인터뷰를 하고 싶어합니다. 자기 자신과 자신의 가족, 대학 생활에 대해 이야기하세요.

✓ 모범 답안

Я хочу рассказать вам о себе и о своей семье. Меня зовут Ми Ён. Мне 22 года. Я приехала из Кореи. Я родилась в большом портовом городе, который называется Пусан. Он находится на юге Кореи на берегу Южного моря.

У меня маленькая семья: родители, бабушка и я. Мой отец – известный корейский актёр. С 10 лет он снимался во многих фильмах и популяных телесериалах. Отец уже несколько раз получал премию как лучший актёр не только в Корее, но и в других странах. Я очень горжусь и уважаю его. А мою маму тоже знают практически все в Корее. Она известная телеведущая. Раньше она каждый день вела вечерние выпуски новостей. В последнее время мама работает в других популярных программах: в развлекательных, документальных и музыкальных. Из-за того, что мама много работает, она всегда очень занята, но всё равно для меня она лучшая мама. Моя бабушка тоже ещё работает. Она фармацевт. В скором времени она собирается выйти на пенсию.

А теперь я расскажу о своей учёбе. Сейчас я учусь в Московской государственной академии хореографии. С детства я занималась балетом. Я мечтала стать самой известной в мире балериной. Когда я училась в школе, я решила продолжать своё образование в России, где очень развиты сферы культуры и искусства. Хотя мои родители хотели, чтобы я поступила в вуз в Корее, я долго уговаривала их.

Наконец, они согласились со мной, и год назад я приехала сюда. В общем, я довольна своей жизнью здесь. Но у меня осталась ещё одна важная проблема – русский язык. Вообще я не любила заниматься иностранными языками. К сожалению, русский язык – не исключение. Тем не менее, я прекрасно знаю, что для того, чтобы хорошо адаптироваться к жизни и достичь своих целей в России, необходимо свободно владеть русским языком. Поэтому я постараюсь ещё более интенсивно заниматься и практиковаться с русскими друзьями. Кажется, я всё рассказала.

저는 당신에게 제 소개와 제 가족에 대해 이야기해 주고 싶습니다. 제 이름은 미연이고 22살입니다. 저는 한국에서 왔습니다. 저는 '부산'이라는 큰 항구 도시에서 태어났습니다. 부산은 한국의 남쪽 바다인 남해 쪽에 위치해 있습니다.

저희 가족은 소가족이고, 부모님과 할머니와 함께 삽니다. 저희 아버지는 유명한 한국 배우입니다. 10살 때부터 많은 영화와 인기 있는 TV 드라마에 출연하셨습니다. 아버지는 이미 한국뿐만 아니라 외국에서도 최고 배우상을 여러 차례 수상하셨습니다. 저는 아버지가 자랑스럽고 존경스럽습니다. 저희 어머니도 한국에서 잘 알려져 있는 분이십니다. 어머니는 유명한 TV 사회자입니다. 예전에 어머니는 매일 저녁 뉴스를 진행하셨습니다. 최근에는 예능, 다큐멘터리, 음악 프로 등 다양한 프로그램에서 사회를 맡고 계십니다. 어머니는 일을 많이 하시기 때문에 매우 바쁘시지만, 제게는 최고의 어머니이십니다. 저희 할머니도 아직 일을 하고 계십니다. 그녀는 약사입니다. 조만간 할머니는 은퇴하실 예정입니다.

이제 제 학업에 관해 이야기해 드리겠습니다. 지금 저는 모스크바 국립 발레학교에서 공부하고 있습니다. 어렸을 때부터 저는 발레를 했습니다. 세계 최고의 발레리나가 되는 것을 꿈꿨습니다. 제가 중, 고등학교를 다닐 때, 문화와 예술 분야가 발전된 러시아에서 학업을 이어 나가기로 결정했습니다. 비록 처음에 부모님은 제가 한국 대학교를 입학하기를 원하셨지만, 저는 오랫동안 그들을 설득했습니다.

결국 부모님은 제 의견에 동의하셨고, 1년 전에 저는 이곳으로 왔습니다. 전반적으로 저는 러시아에서의 삶에 만족합니다. 그러나 아직 중요한 문제가 하나 남았습니다. 그것은 바로 러시아어입니다. 원래 저는 외국어를 공부하는 것을 싫어했습니다. 아쉽게도 러시아어도 예외가 아닙니다. 그럼에도 불구하고 저는 러시아에서 잘 적응하고 목표한 바를 달성하기 위해서는 러시아어를 잘 구사해야 한다는 점을 잘 알고 있습니다. 그래서 앞으로 더 열심히 공부하고, 러시아 친구들과 말하는 연습을 더 많이 할 것입니다. 이 정도면 제 이야기를 다 한 것 같습니다.

말하기 영역 13

Вы вернулись домой после поездки в Россию. Ваши близкие друзья хотят узнать, с кем вы познакомились в России. Расскажите им о своих новых знакомых (друзьях).

Не забудьте, что из вашего рассказа собеседники должны узнать:

- много ли новых друзей появилось у вас в последнее время

- кто они и откуда

- какие они (характер и внешность)

- почему вы стали друзьями

- много ли времени вы проводили вместе, что вы делали

- какими могут быть в будущем ваши отношения

당신은 러시아 여행을 마치고 집으로 돌아왔습니다. 당신의 친한 친구들은 러시아에서 당신이 누구를 만나고 알게 되었는지 궁금해합니다. 당신의 새로운 지인(친구들)에 대해 이야기해 주세요.

다음의 내용을 빠뜨리지 마세요:

- 최근에 당신에게 새로운 친구들이 많이 생겨났나요?

- 그들은 누구고 어디에서 왔나요?

- 그들은 어떤 사람들인가요 (성격과 외모)?

- 왜 그들과 친구가 되었나요?

- 당신은 그들과 많은 시간을 보냈나요, 무엇을 했나요?

- 앞으로 그들과의 관계는 어떻게 될 것 같나요?

Ребята, привет! Давно не виделись. Как у вас дела? Я только в прошлую субботу вернулась домой после поездки в Россию. Мне очень понравилось это путешествие. Хочу рассказать вам о своих новых друзьях, с которыми я познакомилась в России.

Во время путешествия по России я встречала много иностранных туристов. Но, из-за того, что у меня уровень владения английским языком не очень высокий, мне было нелегко общаться с ними. Зато я легко смогла познакомиться с русскими ребятами и мы много общались, прекрасно понимали друг друга. Особенно близко я сдружилась с двумя девушками – сёстрами, которые приехали из Владивостока. Они красивые и очень похожи друг на друга, как близнецы.

Старшую сестру зовут Вика. Она работает моделью. Когда я увидела её, сразу угадала, какая у неё профессия, поскольку она очень высокая и стройная. При первом знакомстве, мне показалось, что она тихая и немногословная. Но, оказалось, что, наоборот. Вика общительная и очень любит поговорить. Мне очень нравится её характер. А младшую сестру зовут Лена. Она ещё студентка и занимается художественной гимнастикой. Поэтому у неё спортивная фигура, и по характеру она активная и энергичная.

Знаете, почему мы подружились? Оказалось, что они интересуются Кореей и корейской культурой – музыкой и телесериалами. А ещё они недавно начали самостоятельно изучать корейский язык. Поэтому нам было о чём поговорить во время поездки. Мы разговаривали о культурах и языках наших стран. Когда мы гуляли по улицам города или посещали известные исторические места, мои русские подруги рассказывали много интересных фактов из истории России. Мы болтали, смеялись и фотографировались. Мне было очень весело проводить с ними время.

Когда пришло время уезжать из России и расставаться с друзьями, было очень грустно и тоскливо. Но я и сейчас, по-прежнему, часто общаюсь с ними – мы пишем и звоним друг другу. Кстати, они планируют приехать в Сеул этим летом. Ведь от Владивостока до Сеула можно долететь всего за два часа. Я хочу познакомить вас со своими новыми русскими друзьями. Уверена, что вам тоже будет с ними интересно.

얘들아, 안녕! 오랜만이야. 잘 지내니? 나는 러시아 여행을 마치고 지난주 토요일에 돌아왔어. 이번 여행이 너무나 마음에 들었어. 내가 러시아에서 만난 새로운 친구들에 대해 너희에게 이야기해 줄게.

러시아에서 여행하는 동안 나는 많은 외국 관광객들을 만났어. 그렇지만 내가 영어를 그렇게 잘하지 못하기 때문에 외국인들과 어울리는 것이 쉬운 일이 아니었어. 그에 반해 러시아인들과는 매우 쉽게 어울렸어. 서로 아주 잘 이해하고 친하게 지냈어. 특히 블라디보스토크에서 온 한 자매들과 아주 가깝게 지냈어. 그들은 너무 예쁘고 마치 쌍둥이처럼 서로가 정말 닮았어.

언니 이름은 '비카'야. 비카는 모델이야. 내가 처음 비카를 보자마자 나는 비카의 직업을 바로 알아 맞혔어. 왜냐하면 그녀는 키가 크고 정말 날씬했기 때문이야. 사실 처음 만났을 때는 비카가 조용하고 말도 거의 없는 것처럼 보였어. 그렇지만 알고 보니 그녀는 사교성이 있고 말하는 걸 매우 좋아하는 친구였어. 나는 비카의 성격이 마음에 들었어. 동생의 이름은 '레나'야. 레나는 아직 학생이고 리듬 체조를 하고 있어. 그래서 레나는 운동 선수의 체형을 갖추고 있고, 성격도 활발하고 에너지가 넘치는 친구야.

너희는 우리가 왜 친해졌는지 아니? 그 자매는 한국과 한국 문화, 특히 음악과 드라마에 관심이 많은 친구들이었어. 그리고 또한 그들은 얼마 전부터 한국어를 독학으로 배우기 시작했어. 그래서 우리는 여행하는 동안 이야기할 것이 너무나 많았어. 한국과 러시아의 문화와 언어에 대해 많은 대화를 나누었어. 우리가 거리를 다닐 때나 유명한 역사 유적지를 방문할 때 그들은 나에게 많은 흥미로운 러시아 역사 사실에 대해 이야기해 주었어. 우리는 웃고, 수다 떨고, 사진을 찍었어. 그들과 함께 하는 시간이 정말 즐거웠어.

내가 러시아를 떠나고 그들과 헤어져야 할 시간이 왔을 때, 너무 우울하고 슬펐어. 하지만 지금 여전히 그들과 잘 지내고 있어. 자주 연락을 하고 있어. 그들은 이번 여름에 서울에 올 계획이야. 블라디보스토크에서 서울까지는 비행기로 2시간 밖에 안 걸릴 만큼 가깝잖아. 나는 너희들에게 내 새로운 러시아 친구들을 소개시켜 주고 싶어. 분명 너희도 그들과 좋은 시간을 보낼 것이라고 확신해.

말하기 영역 실전 모의고사

Задание 1.

 모범 답안

B1. Говорят, что ты свободно говоришь по-русски! Сколько времени ты изучал русский язык и где?

답안

Большое спасибо! Я изучал русский язык 3 года. Сейчас я учусь на четвёртом курсе в университете.

B1. 너 러시아어를 그렇게 잘 말한다며! 러시아어를 어디에서 얼마나 공부한 거야?

 답안

정말 고마워! 나는 러시아어를 3년 동안 공부했어. 지금 대학교에서 4학년에 재학 중이야.

B2. Девушка, извините. Я упал на улице и сильно ударился. Вы не скажете, где здесь находится ближайшая аптека или больница?

답안

Ой, у вас всё в порядке? Я тоже, к сожалению, не знаю, где здесь аптека или больница. Подождите, я спрошу ещё у кого-нибудь.

B2. 아가씨, 죄송한데요. 제가 길에서 세게 넘어졌어요. 혹시 여기에서 가장 가까운 약국이나 병원이 어디에 있는지 말해줄 수 있나요?

답안

어머! 괜찮으신가요? 유감스럽게도 저도 여기에 병원이나 약국이 어디에 있는지 모르겠네요. 잠시만 기다려 주세요. 제가 다른 분께 여쭤볼게요.

B3. Ты не знаешь, какая завтра будет погода? Я собираюсь поехать на экскурсию за город.

답안

По радио сказали, что завтра будет дождь и сильный ветер. Температура воздуха – минус 1. Куда ты поедешь?

B3. 너는 내일 날씨가 어떤지 아니? 나는 교외로 견학을 가려고 해.

답안

라디오에서 내일 비가 오고 바람이 강하게 분다고 하던데. 기온도 –1도래. 너는 어디로 가니?

B4. Привет, Саша! Почему ты такой грустный? У тебя что-то случилось?

답안

Я правда выгляжу грустным? На самом деле, у меня ничего не случилось. Просто я очень устал.

B4. 안녕, 싸샤야! 너 왜 이렇게 우울해 보이니? 혹시 무슨 일이라도 있니?

답안

나 정말 우울해 보여? 사실 나는 아무 일도 없어. 단지 너무나 피곤해.

B5. Мой компьютер сломался. Я его купил совсем недавно. Что мне делать?

답안

Я знаю, что ты купил его только на прошлой неделе. Что с ним случилось? Он не включается? Советую тебе отнести его обратно в магазин на проверку.

B5. 내 컴퓨터가 고장 났어. 얼마 전에 샀는데. 어떻게 해야 하지?

답안

    너 그 컴퓨터 지난주에 산 걸로 알고 있는데. 상태가 어떤데? 안 켜지니? 컴퓨터를 산 그 가게로 가지고 가서 검사해 볼 것을 추천할게.

Задание 2.

☑️ 모범 답안

> B1. Вы живёте в студенческом общежитии. Вы хотите переехать на другой этаж. Объясните дежурной причину своего недовольства.
>
> 답안
>
>   Здравствуйте, Анна Ивановна! Меня зовут Мин. Сейчас я живу на первом этаже. В последнее время на первом этаже стало очень шумно. Это мешает мне спать и заниматься. Можно переехать на пятый этаж?

B1. 당신은 기숙사에 살고 있습니다. 당신은 다른 층으로 옮기고 싶어합니다. 당직자에게 당신이 불편한 이유를 설명하세요.

답안

    안녕하세요, 안나 이바노브나 씨! 제 이름은 민입니다. 지금 1층에 살고 있습니다. 최근 들어 1층이 너무 시끄러워져서 제가 잠자거나 공부하는 것이 방해가 됩니다. 혹시 5층으로 옮길 수 있을까요?

> B2. Вчера вы узнали, что ваша подруга устроилась на работу. Поздравьте её и расспросите о новой работе.
>
> 답안
>
>   Привет, Соня! Я слышала, что у тебя есть хорошие новости. Поздравляю тебя с новой работой! Молодец! Где ты работаешь? Далеко от твоего дома? Чем ты там занимаешься?

B2. 어제 당신의 친구가 취직했다는 소식을 들었습니다. 그녀에게 축하 인사를 하고 새로운 직장에 대해 물어보세요.

답안

    소냐야, 안녕! 너 좋은 소식 있다고 들었어. 취직 축하해! 잘했어! 어디에서 일하는 거야? 회사는 집에서 멀어? 무슨 일을 하게 되니?

B3. Вы хотите пойти в музей, в котором ваш друг уже был. Узнайте у него, как работает музей, какие выставки там можно посмотреть.

🏷답안

   Дима, добрый день! Я знаю, что ты уже был в новом музее. Я тоже собираюсь туда пойти. Какие выставки там можно сейчас посмотреть? Что тебе больше всего понравилось? В какое время работает музей?

B3. 당신의 친구가 이미 가 본 박물관에 당신은 가고 싶어합니다. 친구에게 박물관이 언제 여는지, 어떤 전시회를 볼 수 있는지 물어보세요.

🏷답안

   디마야, 안녕! 나는 네가 이미 새로운 박물관에 가 봤다고 알고 있어. 나도 거기 가 보고 싶어. 지금 어떤 전시회를 볼 수 있니? 무엇이 가장 마음에 들었니? 박물관의 운영시간이 어떻게 돼?

B4. Вы находитесь в незнакомом городе. Вы пошли гулять и заблудились. Спросите у прохожего, как доехать до вашей гостиницы.

🏷답안

   Извините! Можете мне помочь? Я плохо знаю этот город и заблудился. Помогите мне, пожалуйста, найти мою гостиницу! Она находится в центре города. Как до неё доехать?

B4. 당신은 잘 모르는 도시에 있습니다. 산책을 하다가 길을 잃었습니다. 행인에게 당신의 호텔까지 어떻게 가야 하는지 물어보세요.

🏷답안

   실례합니다! 저 좀 도와주시겠어요? 제가 이 도시를 잘 모르는데 길을 잃었어요. 제가 묵고 있는 호텔을 찾아갈 수 있게 도와주세요! 호텔은 시내에 위치해 있어요. 어떻게 가야 하나요?

B5. В субботу у вас дома будет новоселье. Вы пригласили 3 близких друзей. Купите на рынке продукты для праздничного ужина. Попросите совета у продавца.

🏷답안

   Будьте любезны, дайте, пожалуйста, свежие яблоки! И у вас есть картофель и колбаса? Я собираюсь приготовить несколько корейских блюд. Подскажите, сколько мне нужно взять продуктов, чтобы приготовить ужин на 4 человек?

B5. 토요일에 당신의 집에서 집들이가 있을 예정입니다. 당신은 3명의 친한 친구를 초대했습니다. 시장에서 저녁 식사를 위한 식료품을 사세요. 상인에게 조언을 구하세요.

🏷답안

   실례합니다. 신선한 사과 좀 주세요! 감자와 소시지도 있나요? 저는 한국 음식 몇 개를 요리하려고 합니다. 4인분 요리를 하려면 제가 식료품을 얼마나 사야 하는지 말해 주세요.

Задание 3.

СОЛИТКА ОПЕРЫ

Мы хотим рассказать Вам об известной русской артистке — певице Ирине Архиповой.

Когда Ирине было 7 лет, она поступила в детскую музыкальную школу. Там она училась играть на пианино. Скоро преподаватели увидели, что девочка не только хорошо играет на пианино, но и прекрасно поёт. У неё был очень красивый голос. Но Ирина с удовольствием занималась не только музыкой и пением. Она очень любила рисовать. Её рисунки нравились всем, кто их видел. Особенно хорошо она рисовала портреты. Люди на её портретах были как живые.

Когда Ирина окончила школу, она решила поступить в архитектурный институт. На экзамене по специальности нужно было нарисовать портрет. За портрет, который Ирина нарисовала, она получила отметку «отлично». Так Ирина стала студенткой архитектурного института. Во время учёбы в институте Ирина не забывала музыку. Она начала петь в студенческом хоре.

Прошло пять лет. Ирина окончила институт, начала работать. Но она не могла решить, что ей больше нравится — архитектура или пение. «Может быть, главное — музыка?» — часто думала она. Она понимала, что не сможет жить без музыки, без пения. И тогда молодой архитектор Ирина Архипова поступила в консерваторию. Она решила работать и учиться одновременно. Началась трудная, но интересная жизнь. Утром, в 7 часов 30 минут, у Ирины начинались занятия в консерватории, в 9 часов она уже была на работе, а вечером — опять в консерватории.

Теперь она опять задавала себе вопрос: «Где моё место в жизни? Что я должна делать — строить или петь?» Друзья, преподаватели, родители Ирины тоже спрашивали её об этом. А она не знала, что ответить им.

Тогда мама рассказала Ирине о её дедушке. Он жил в деревне, строил дома, а в свободное время пел в хоре. Он любил музыку, русские народные песни. У него был сильный красивый голос. Когда ему было девяносто лет, он приехал в Москву. Первый раз в жизни дедушка пошёл в большой театр слушать оперу. Для него этот день стал праздником. Но когда опера закончилась, он погрустнел. «Что с тобой?» — спросила его дочь. «Только сейчас я понял, где было моё место в жизни», — грустно ответил дедушка и показал на сцену театра.

Ирина долго думала о том, что рассказала её мама. И она решила, что её место в театре. Любовь к музыке, пению победила.

Теперь люди в нашей стране знают замечательную артистку Ирину Архипову. Её знают и в других странах: она выступала во многих театрах мира. Иногда её спрашивают: «Где вы учились?». Ирина Архипова отвечает, что училась в Московской консерватории. Ей очень хочется сказать, что она училась и в архитектурном институте. Но ведь все знают, что в архитектурном институте не изучают музыку.

«Златоуст»

오페라 여가수

우리는 당신에게 유명한 러시아 여성 아티스트 – 이리나 아르히포바에 관해 이야기해 주고 싶다.

이리나가 7살 때, 그녀는 어린이 음악 학교에 입학을 했다. 그곳에서 이리나는 피아노를 연주하는 법을 배웠다. 이윽고 선생님들은 이리나가 단순히 피아노만 잘 연주하는 것뿐만 아니라, 노래도 잘한다는 것을 알게 되었다. 그녀의 목소리는 매우 아름다웠다. 그러나 이리나는 음악과 노래에만 열중했던 것은 아니다. 이리나는 그림 그리는 것을 매우 좋아했다. 그녀의 그림을 보는 사람들은 그것들을 매우 마음에 들어 했다. 특히 이리나는 초상화를 매우 잘 그렸다. 그녀의 초상화에 있는 사람들은 매우 생동감이 넘쳤다.

이리나는 학교를 졸업하고 나서, 건축 전문 대학교에 입학하기로 결심했다. 전공 시험에서 초상화를 그려야만 했다. 그녀가 완성한 초상화에 'ОТЛИЧНО(최우수)'라는 점수가 부여되었다. 이렇게 그녀는 건축 전문 대학교의 학생이 되었다. 대학 생활 동안, 이리나는 음악을 잊지 않았다. 그녀는 대학생 합창단에서 노래하기 시작했다.

5년이 지났다. 이리나는 학교를 졸업하고 나서, 일을 하기 시작했다. 그러나, 이리나는 건축과 노래 중에 무엇이 더 마음에 드는지 확신할 수 없었다. '아마, 음악이 중요한 것은 아닐까?'라고 자주 생각하곤 했다. 그녀는 음악 없이는, 노래 없이는 살 수 없을 것이라 깨닫게 되었다. 그리고 나서 젊은 건축가였던 이리나 아르히포바는 음악 대학교에 입학을 하게 되었다. 일과 학업을 동시에 병행하기로 결정했던 것이다. 어렵지만, 재미있는 삶이 펼쳐진 것이다. 아침 7시 30분에 이리나는 음악 대학교에서 수업을 듣고, 9시가 되면 이미 직장에 도착해서 일을 시작했고 저녁에는 다시 음악 대학교에서 공부를 했다.

이제 이리나는 자신에게 다음과 같은 질문을 다시 던졌다. "내 인생에서 나의 정착지는 어디에 있지? 내가 무엇을 해야 하는 걸까, 건축일까 노래하는 것일까?" 이리나의 친구들, 선생님들 그리고 부모님들 또한 이리나에게 이에 관해 물어보곤 했다. 그러나 이리나는 그들에게 무엇이라고 대답해야 할지 알지 못했다.

그러자 이리나의 엄마는 그녀에게 이리나의 할아버지에 관해 이야기해 주었다. 그는 시골에 살았고, 집들을 지었으며 시간이 날 때는 합창단에서 노래를 부르곤 했었다. 그는 음악을 좋아했고, 러시아 전통 노래들도 좋아했다. 할아버지의 목소리는 힘이 있고, 아름다웠다. 할아버지는 90살이 되었을 때, 모스크바에 도착했다. 생애 처음, 할아버지는 오페라를 듣기 위해 볼쇼이 극장으로 향했다. 할아버지에게 있어 이날은 기념일 같은 날이 되었다. 그러나 오페라가 끝나고 난 다음에, 할아버지의 표정을 우울해 보였다. "무슨 일이에요?" 이리나의 엄마가 물었다. "바로 지금에서야 나는 내 인생에서 나의 정착지가 어디에 있는지 알게 되었다"라고 슬픈 목소리로 할아버지는 대답하며 극장의 무대를 가리켰다.

이리나는 엄마가 이야기해 준 내용에 대해 오랫동안 생각을 했다. 이리나는 그녀의 정착지는 극장에 있다고 결단을 내렸다. 음악과 노래에 대한 사랑이 이긴 것이다.

이제 사람들은 뛰어난 아티스트, 이리나 아르히포바를 안다. 다른 나라에서도 그녀를 알고 있다. 그녀는 세계에 있는 많은 극장에서 공연을 했다. 간혹 그녀가 "어디서 배우셨나요?"라고 질문을 받을 때, 그녀는 모스크바 음악 대학교에서 공부했다고 대답을 하고 있다. 그녀는 건축 전문 대학교에서 공부를 했다고 답을 하길 매우 원했다. 그러나, 건축 전문 대학교에서 음악을 가르치진 않는다는 것을 모두가 알고 있지 않은가.

☑ 모범 답안

B1. Кратко передайте содержание текста.

[답안]

В этом тексте рассказывается об одной известной русской артистке – певице Ирине Архиповой. В детстве она начала заниматься музыкой. Ирина хорошо играла на пианино и прекрасно пела. Кроме этого, у неё был талант рисовать портреты. Когда люди увидели их, они говорили, что герои портретов были как живые.

После окончания школы Ирина поступила в архитектурный институт. Когда она училась там, она продолжала петь в студенческом хоре. Она, по-прежнему, любила музыку, поэтому захотела учиться и консерватории, и поступила туда.

Прошло время и, наконец, ей захотелось решить, где её место в жизни – в архитектуре или в музыке. Рассказ о её дедушке помог ей выбрать свою профессию и призвание. Он тоже очень любил музыку, но по специальности работал строителем. И потом он сильно пожалел, что не стал оперным певцом. Прослушав этот рассказ, Ирина поняла, что без музыки она не сможет жить и её место точно в театре. Благодаря этому, сейчас эту замечательную артистку знают все в России.

B1. 텍스트의 주요 내용을 간단하게 요약하시오.

[답안]

이 텍스트는 '이리나 아르히포바'라는 유명한 러시아 아티스트이자 여가수에 관한 이야기입니다. 그녀는 어렸을 때 음악을 시작했습니다. 이리나는 피아노도 잘 치고 노래도 잘했습니다. 또한 초상화를 아주 잘 그렸습니다. 그녀가 그린 초상화의 주인공들은 마치 살아 있는 것 같다고 말했습니다.

고등학교 졸업 후에 이리나는 건축 대학교에 입학했습니다. 그녀가 학교를 다녔을 동안에, 이리나는 대학생 합창단에서 노래했습니다. 여전히 음악을 사랑했고, 음악 대학에서도 공부하길 원해서 결국 그곳에 입학했습니다.

시간이 흘렀고, 그녀는 자신의 인생에서 가장 중요한 것이 건축인지 음악인지 선택하고 싶어했습니다. 그녀의 할아버지에 관한 이야기는 그녀가 자신의 직업과 천직을 고르는 데 많은 도움이 되었습니다. 할아버지도 음악을 사랑했으나, 직업상 건축가로서 일했습니다. 그리고 나중에 그는 오페라 가수가 되지 않은 것을 매우 후회했습니다. 이 이야기를 듣고 나서 이리나는 음악 없이는 그녀가 살 수 없고, 그녀에게는 극장(무대)이 매우 중요하다는 점을 깨달았습니다. 덕분에 현재 이 유명한 아티스트를 러시아에서는 모든 사람들이 알고 있습니다.

B2. Выразите своё отношение к героине и событиям текста.

답안

Я думаю, что Ирина очень счастливый человек, поскольку у неё много талантов. Нередко бывает, что у людей нет никакого таланта и им трудно найти для себя любимое дело.

Естественно, героиня тоже испытывала трудности, когда ей надо было выбрать своё призвание. Однако, я думаю, что любому человеку достаточно сложно убить двух зайцев одним выстрелом, поэтому, рано или поздно, приходится делать выбор. Когда мы принимаем важное решение, необходимо хорошо всё взвесить, учитывая разные моменты.

Я думаю, что героиня текста Ирина Архипова ни разу не пожалела о своём выборе. А также она была счастлива, когда занималась любимым делом и дарила радость другим, благодаря своему выдающемуся таланту.

B2. 텍스트의 주인공과 사건에 대한 자신의 의견을 말하시오.

답안

저는 이리나가 매우 행복한 사람이라고 생각합니다. 왜냐하면 그녀에게는 재능이 많기 때문입니다. 그 어떤 재능도 가지고 있지 않거나 자신이 좋아하는 일을 찾는 것을 어려워하는 사람들이 적지 않습니다.

물론 주인공 또한 자신의 천직을 선택할 때는 어려움이 있었습니다. 그러나 저는 누구든 두 마리의 토끼를 한 번에 잡는 일은 매우 어렵다고 생각합니다. 그래도 결국에는 선택을 해야만 합니다. 우리가 중요한 결정을 내릴 때는 모든 사항을 고려하고 신중하게 결정해야 합니다.

저는 주인공이 자신의 선택에 대해 단 한 번도 후회하지 않았을 것이라고 생각합니다. 그리고 자신의 뛰어난 재능으로 다른 사람들에게 기쁨을 주면서, 자신이 좋아하는 일을 할 때는 분명 행복함을 느꼈을 것입니다.

Задание 4.

В театре вы познакомились с молодыми людьми, которые рассказали вам, как интересно они с друзьями проводят свободное время. Расскажите о ваших интересах (увлечениях) и о том, как вы проводите своё свободное время.

Вы можете рассказать о том:

– где вы работаете или учитесь

– чем вы интересуетесь

– как вы предпочитаете отдыхать (дома или куда–нибудь ходите)

– любите ли вы театр, живопись, музыку, танцы и т. д.

– как, когда и почему вы начали интересоваться чем–то

당신은 극장에서 젊은 사람들을 알게 되었습니다. 그들은 당신에게 어떻게 여가 시간을 보내는지 이야기해 주었습니다. 당신의 관심사(취미와 흥미)에 대해서와 당신이 휴식 시간을 어떻게 보내는지 이야기하세요.

당신은 다음의 내용을 이야기할 수 있습니다:

– 당신은 어디에서 일을 하나요 또는 공부를 하나요?

– 당신은 무엇에 흥미가 있습니까?

– 당신은 어떻게 휴식을 취하는 것을 선호합니까 (집에서 또는 어디든 간다)?

– 당신은 공연, 미술, 음악, 춤 등을 좋아하나요?

– 당신은 언제, 어떻게, 왜 취미 생활을 시작하게 되었나요?

Вот уже 4 года я работаю детским врачом в городской поликлинике. Каждый день ко мне приходят много больных детей, поэтому у меня остаётся не очень много свободного времени. Тем не менее, у меня много интересов: театр, музыка и спорт. Больше всего, я люблю музыку. Когда у меня появляется время, хотя бы несколько часов, я хожу в театр и смотрю спектакли или слушаю оперу. Особенно мне нравится классическая музыка. Она помогает мне успокаиваться и снимать стресс.

Причём раньше я вообще не слушала классику, даже не любила её. Я считала классическую музыку довольно скучной и всегда засыпала под неё. Но постепенно я изменила своё мнение. Когда я принимаю маленьких пациентов в своём кабинете, они очень боятся меня и медсестёр. И я, конечно же, постоянно задумывалась о том, как избавить их от этого страха. Однажды я услышала, как в одной радиопередаче рассказывали о пользе классической музыки для детей. Оказалось, что она успокаивает детей и помогает им расслабляться. Поэтому на работе я стала включать произведения Моцарта и Чайковского. Так, благодаря своей работе, я стала чаще слушать классическую музыку и полюбила её.

Ещё мне нравится заниматься спортом. Особенно я люблю игры с мячом, а в последнее время провожу много времени на теннисном корте. Моя близкая подруга – профессиональная теннисистка. Благодаря тому, что мы с ней часто играем вместе, мой уровень постепенно повышается. Я очень люблю активные виды спорта, поэтому теннис мне хорошо подходит.

Я не люблю скучать и сидеть целыми днями дома. Однако иногда мои родители и знакомые говорят, что я выгляжу уставшей. Поэтому они советуют мне найти время для пассивного отдыха и какой-то период просто ничего не делать, а только отдыхать. Я пока не уверена, что смогу долго усидеть на одном месте, однако, собираюсь прислушаться к советам своих близких. Думаю, мне нужно просто постараться проводить свободное время разными способами.

저는 이미 4년째 시립 병원에서 소아과 의사로 일하고 있습니다. 매일 많은 환자가 저를 찾아오기 때문에 저에게는 휴식 시간이 그리 많지는 않습니다. 그럼에도 불구하고 저는 공연, 음악과 운동 등 많은 관심사가 있습니다. 무엇보다도 저는 음악을 사랑합니다. 단 몇 시간이라도 제게 시간이 주어지면 저는 극장에 가서 연극이나 오페라를 봅니다. 특히 저는 클래식 음악을 좋아합니다. 클래식 음악을 들으면 스트레스도 풀리고 심적으로 안정이 됩니다.

사실 예전에 저는 클래식을 전혀 듣지 않았고, 심지어 싫어했습니다. 저는 클래식 음악이 매우 지루하다고 생각했었고, 음악을 들으면 항상 잠이 오곤 했기 때문입니다. 하지만 점점 제 생각이 바뀌게 되었습니다. 제가 진료실에서 아이들을 진찰할 때, 아이들은 항상 저와 간호사들을 무서워합니다. 그래서 저는 어떻게 하면 아이들이 이 무서움을 극복할 수 있을지 끊임없이 고민했습니다. 어느 날 저는 한 라디오 프로그램에서 클래식 음악이 아이들에게 도움이 된다는 이야기를 들었습니다. 클래식은 아이들을 진정시켜 주고 마음을 달래 주는 역할을 한다는 내용이었습니다. 그래서 저는 진료실에서 모차르트, 차이콥스키 음악을 틀기 시작했습니다. 덕분에 저는 더욱 자주 클래식을 들었고, 클래식 음악을 사랑하게 되었습니다.

그리고 저는 운동하는 것도 좋아합니다. 특히 구기 종목을 좋아하는데, 최근에는 테니스 코트에서 많은 시간을 보내고 있습니다. 제 친한 친구 중에 테니스 선수가 있습니다. 그 친구와 자주 테니스를 친 덕분에 제 실력은 빠르게 늘고 있습니다. 저는 활동적인 스포츠 종목들을 좋아하고, 그래서 테니스가 제게 매우 맞는 운동이라고 생각합니다.

저는 집에서 가만히 앉아서 쉬는 것을 좋아하지 않습니다. 그러나 가끔 제 부모님과 지인들은 제가 지쳐 보인다고 말합니다. 그래서 그들은 제게 아무 것도 하지 않고 그냥 쉬는 시간을 가져야 한다고 충고합니다. 아직 제가 한 곳에서 오래 앉아서 쉬는 것을 할 수 있는지 확신하지는 못하지만, 저를 아껴 주는 지인들의 충고를 들으려고 노력합니다. 그래서 저는 다양한 방법으로 휴식 시간을 가져볼 시도를 해 봐야겠다고 생각합니다.

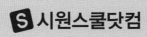

Письмо

Имя, фамилия _____ Страна _____ Дата _____

Письмо

Имя, фамилия _____ Страна _____ Дата _____

Говорение

Имя, фамилия _____ Страна _____ Дата _____

Говорение

Имя, фамилия _____ Страна _____ Дата _____

토르플 쓰기 말하기
1단계

초판 1쇄 발행 2023년 1월 6일

지은이 최수진, 시원스쿨어학연구소
펴낸곳 (주)에스제이더블유인터내셔널
펴낸이 양홍걸 이시원

홈페이지 www.siwonschool.com
주소 서울시 영등포구 국회대로74길 12 시원스쿨
교재 구입 문의 02)2014-8151
고객센터 02)6409-0878

ISBN 979-11-6150-678-4
Number 1-541110-17170900-06